AF473325

MINISTÈRE DU COMMERCE, DE L'INDUSTRIE
DES POSTES ET DES TÉLÉGRAPHES

EXPOSITION UNIVERSELLE INTERNATIONALE DE 1900
À PARIS

# RAPPORTS
# DU JURY INTERNATIONAL

## Classe 72. — Céramique.

RAPPORT DE M. GEORGES VOGT

DIRECTEUR DES TRAVAUX TECHNIQUES
À LA MANUFACTURE NATIONALE DE SÈVRES

PARIS
IMPRIMERIE NATIONALE

M CMI

# RAPPORTS DU JURY INTERNATIONAL

DE

# L'EXPOSITION UNIVERSELLE DE 1900



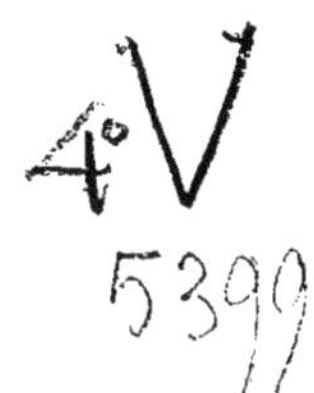

MINISTÈRE DU COMMERCE, DE L'INDUSTRIE
DES POSTES ET DES TÉLÉGRAPHES

EXPOSITION UNIVERSELLE INTERNATIONALE DE 1900
À PARIS

# RAPPORTS
# DU JURY INTERNATIONAL

## Classe 72. — Céramique.

RAPPORT DE M. GEORGES VOGT

DIRECTEUR DES TRAVAUX TECHNIQUES
À LA MANUFACTURE NATIONALE DE SÈVRES

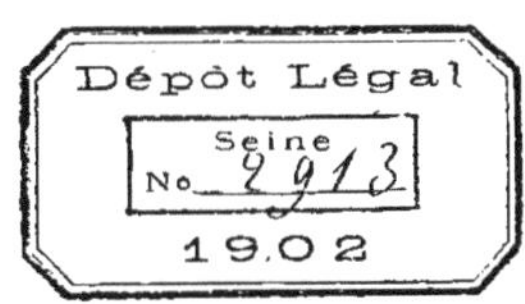

PARIS
IMPRIMERIE NATIONALE

M CMI

# CLASSE 72

## Céramique

---

# RAPPORT DU JURY INTERNATIONAL

PAR

M. GEORGES VOGT

DIRECTEUR DES TRAVAUX TECHNIQUES À LA MANUFACTURE NATIONALE
DE SÈVRES



IMPRIMERIE NATIONALE.

## COMPOSITION DU JURY.

### BUREAU.

MM. Hache (Alfred), porcelaines (Comités, grand prix, Paris 1878; Comités, jury, Paris 1889; vice-président des Comités, Paris 1900), à Paris, *président* . . . . . France.

Krohn (le professeur Pietro), directeur du Musée des arts décoratifs, à Copenhague, *vice-président* . . . . . Danemark.

Vogt (Georges), ingénieur des arts et manufactures, directeur des travaux techniques à la Manufacture nationale de porcelaine et de l'École d'application de la céramique (Comité d'admission, Paris 1889 et 1900), à Sèvres (Seine-et-Oise), *rapporteur* . . . . . France.

Metz (Arthur), céramique [maison Gilardoni frères et Cie] (médaille d'or, Paris 1889; Comités, Paris 1900), président de l'Union céramique et chaufournière de France, président du Conseil de prud'hommes de la Seine, à Paris, *secrétaire* . . . . . France.

### JURÉS TITULAIRES FRANÇAIS.

MM. Altazin (Eugène), administrateur délégué de la Société des produits céramiques et réfractaires de Boulogne-sur-Mer, président du Syndicat des céramistes du Nord, membre de la Chambre de commerce de Boulogne-sur-Mer (Comités, Paris 1900), à Paris . . . . . France.

Baudin (Eugène), ancien député (céramique d'art), à Saint-Briac (Ille-et-Vilaine) . . . . . France.

Baumgart (Émile), administrateur de la Manufacture nationale de porcelaine et de l'École d'application de la céramique (Comités, Paris 1900), à Sèvres (Seine-et-Oise) . . . . . France.

Boulenger (Paul-Hippolyte), faïences (médaille d'or, Paris 1878; hors concours, Paris 1889; secrétaire des Comités, Paris 1900), à Choisy-le-Roi (Seine) . . . . . France.

Chédanne (Georges), architecte du Gouvernement, à Paris . . . . . France.

Faure (Pierre), machines à fabriquer la porcelaine (médaille d'or, Paris 1878; grand prix, Paris 1889), membre de la Chambre syndicale des porcelainiers de Limoges, à Limoges (Haute-Vienne) . . . . . France.

Folinat (Charles), céramique (Comités, Paris 1878; Comités, jury, Paris 1889; vice-président des Comités, Paris 1900), ancien juge au Tribunal de commerce de la Seine, à Paris . . . . . France.

Gardaire (Joseph), céramiste, peintre décorateur, à Paris . . . . . France.

Guérin (William), porcelaines (médaille d'or, Paris 1889; Comités, Paris 1900), président de la Chambre syndicale des porcelainiers de Limoges, à Limoges (Haute-Vienne) . . . . . France.

Loreau (Alfred), ingénieur des arts et manufactures, ancien député, conseiller général du Loiret, boutons céramiques [maison Bapterosse] (grand prix, Paris 1889; Comités, Paris 1900), régent de la Banque de France, à Paris . . . . . France.

MM. DE LUYNES (Victor), professeur au Conservatoire national des arts et métiers, chef du service des laboratoires au Ministère des finances (Comités, jury, Paris 1878, 1889; président des Comités, Paris 1900), à Paris. France.

MIGEON (Gaston), conservateur adjoint du Département des objets d'art au Musée du Louvre, à Paris. France.

## JURÉS TITULAIRES ÉTRANGERS.

MM. GUILLEAUME (Franz), conseiller du Commerce (produits céramiques), à Bonn. Allemagne.

SEIFERHELD (Otto) [porcelaines], à Pirkenhammer. Autriche.

GAUCHERY (Henry), secrétaire du Musée des arts décoratifs, à Paris. Chine.

WARD (W. S.), expert. États-Unis.

LIBERTY (Lasenby), président du Conseil d'administration de la maison Liberty. Grande-Bretagne.

DE ZSOLNAY (Nicolas), produits céramiques. Hongrie.

DE TORRIGIANI (le marquis Philippe), député, membre de la Commission centrale pour l'enseignement artistique industriel, conservateur royal des monuments nationaux pour la Toscane. Italie.

KAWARA (Noritatsu), céramiste. Japon.

KOK (Jurriaan), directeur de la Manufacture de faïences et de porcelaines «Rozenburg», à la Haye. Pays-Bas.

ARROYO (Antonio-José), ingénieur de l'État, ancien inspecteur des écoles industrielles du Nord, ancien député. Portugal.

BOTKINE (Théodore), artiste peintre. Russie.

EKSTRAND (le docteur A.-G.), ingénieur au Ministère des finances, à Stockholm. Suède.

## JURÉS SUPPLÉANTS FRANÇAIS.

MM. COLAS (Joseph), secrétaire général de l'Union céramique et chaufournière de France (Comités, Paris 1900), à Paris. France.

DAMOUR (Emilio), ingénieur civil des mines, chef des travaux chimiques à l'École nationale supérieure des mines (Comité d'admission, Paris 1900), à Paris. France.

## JURÉS SUPPLÉANTS ÉTRANGERS.

MM. VON FALCKE (le docteur), directeur du Musée des arts décoratifs de Cologne. Allemagne.

NOTHOMB (le baron Gérard), sous-directeur des établissements Boch frères, à la Louvière. Belgique.

DE PRADÈRE (le comte). Espagne.

Mlle GILBERT (Helen B.). États-Unis.

MM. FARQUHAR (C. W.), directeur de la maison Doulton, à Paris. Grande-Bretagne.

BING (Siegfried), à Paris. Japon.

VON SAHER (Édouard), directeur du Musée et de l'École des arts décoratifs de la Société néerlandaise pour le progrès de l'industrie, à Haarlem. Pays-Bas.

HENRY (Eugène-Édouard), consul de Perse à Paris. Perse.

# CÉRAMIQUE.

## CONSIDÉRATIONS GÉNÉRALES.

L'emplacement réservé à la céramique française était admirablement situé sur l'esplanade des Invalides, à droite en sortant du pont Alexandre III.

Une belle exposition des produits brillants et variés de l'art de la terre, bien présentée dans une vaste galerie précédée d'une porte monumentale, ornée avec toutes les ressources que la céramique offre à l'architecture polychrome, aurait formé en cet endroit une magnifique salle d'introduction aux palais qui se prolongeaient jusqu'à l'Hôtel des Invalides.

Malheureusement, les salles mises à la disposition du Comité d'installation, composées de deux pièces au rez-de-chaussée, ne communiquant pas directement entre elles, éclairées de côté, et d'une autre située au premier étage, n'ont pas permis la réalisation d'un tel projet.

Répartir d'une façon agréable dans ces salles séparées les machines, les matières premières, les tuiles, les briques, les grès, les faïences, les porcelaines, les émaux, constituait un problème à peu près impossible à résoudre.

Le Comité d'installation, dans ces circonstances, avait une tâche très ingrate à remplir et malgré tous ses consciencieux efforts, dont on doit lui savoir grand gré, il n'a pu faire des céramiques françaises l'exposition bien ordonnée et agréablement présentée qu'on était en droit d'attendre.

La salle, longeant la Seine, contenait les porcelaines, une partie des peintures céramiques et des émaux sur cuivre, quelques faïences; celle, parallèle à l'axe de l'esplanade des Invalides : des briques, des émaux, des tuiles, des porcelaines et des grès d'art, des grès de bâtiment, des faïences fines, des terres cuites, des moufles; un peu plus loin, à un niveau différent de quelques marches, se trouvaient dans un endroit exigu, les machines spéciales à l'industrie céramique, du reste, mal disposées pour être mises en activité; dans une petite salle voisine, sans aucune communication avec les salles principales du rez-de-chaussée, étaient placées les matières premières et encore quelques machines. Au premier étage, on voyait de nouveau des grès, des faïences, des porcelaines, des couleurs vitrifiables et la plupart des expositions des décorateurs céramistes et des marchands; au bout de cette salle, dans une pièce spéciale, étaient exposés les dessins et projets de l'École normale d'enseignement du dessin.

A la suite des salles des exposants français, au rez-de-chaussée, le visiteur qui se dirigeait vers les Invalides, arrivait aux expositions des céramiques étrangères, disséminées parmi les divers objets relatifs à la décoration et au mobilier des édifices publics et des habitations; il rencontrait successivement la Suisse, le Japon, l'Autriche et la Hongrie, la Grande-Bretagne, les États-Unis, l'Allemagne, la Russie et la Belgique qui se trouvait à l'extrémité proche de l'Hôtel des Invalides.

En revenant par le premier étage, vers la Seine, on trouvait les productions céramiques de la Suède, de la Norvège, des Pays-Bas, du Portugal et, enfin, celles de la Manufacture nationale de Sèvres, exposées dans des salles décorées par les tapis de la Manufacture nationale de Beauvais; un peu plus loin, après avoir traversé la salle de la verrerie, était l'exposition rétrospective de la céramique, où figuraient d'anciennes pièces tirées des plus célèbres collections.

Si les galeries de l'esplanade des Invalides contenaient une grande quantité de productions de l'industrie céramique, elles ne les contenaient pas toutes; il y en avait un peu partout : dans la rue des Nations, au Champ de Mars, au Trocadéro.

En effet, l'Italie avait réuni ses poteries dans le pavillon élevé par cet État, sur le bord de la Seine, dans la rue des Nations; le Luxembourg, la Perse, la Grèce, la Serbie, la Roumanie, la Bulgarie, l'Équateur, la Turquie avaient fait de même.

Au Champ de Mars, figuraient l'Espagne et la République de Saint-Marin, ainsi que quelques édifices construits en céramique par des fabricants français.

Au Trocadéro, étaient exposées dans des pavillons spéciaux les poteries des diverses colonies françaises et étrangères, d'intéressantes productions de la fabrication russe et les porcelaines de Chine.

On voit, par cette rapide description des emplacements occupés par les nombreux exposants de la Classe 72, quel long trajet devait faire le visiteur désireux d'étudier et de comparer les céramiques des différentes nations; il lui fallait parcourir toute la vaste surface occupée par l'Exposition de 1900.

Même après ce laborieux examen, son étude n'aurait pas été complète; en effet, s'il s'était contenté de chercher les productions de l'art de la terre dans la Classe 72, une partie notable d'entre elles, placées dans d'autres classes, comme les céramiques destinées à la décoration fixe, aux appareils de chauffage, aux installations hygiéniques, à l'agriculture, aux instruments employés par l'industrie chimique et aux appareils électriques, auraient échappé à son investigation.

Cette dispersion des produits céramiques était de nature à lasser les bonnes volontés même les plus robustes.

Serait-il possible de présenter dans une exposition universelle les produits des différentes fabrications de façon à en rendre l'examen plus facile?

Nous croyons pouvoir répondre affirmativement à cette demande.

Du reste, le Jury de la Classe 72 s'est préoccupé de cette question, et sa conclusion a été que, pour bien présenter la céramique dans une exposition et pour en faciliter l'étude, il serait nécessaire de réunir en un seul et même endroit tous les exposants, quelle que soit leur nationalité, et de les grouper en deux sections ainsi définies :

1° La céramique de construction ;

2° La céramique d'ameublement.

La céramique de construction comprendrait les briques, les tuiles, les tuyaux, les produits réfractaires, les poêles, les cheminées, les revêtements, les pavages, toutes les céramiques architecturales.

La céramique d'ameublement renfermerait les services de table, les vases d'ornement, les services de toilette, en un mot, tous les objets céramiques destinés aux usages domestiques et à l'ornementation de nos habitations.

Ce classement devrait être fait d'après l'usage auquel les objets exposés sont destinés, sans s'occuper de savoir s'ils sont en terre cuite, faïence, grès ou porcelaine.

Une exposition des arts céramiques ainsi comprise serait facile à installer, commode à étudier et deviendrait réellement internationale.

Ceci dit sur l'organisation générale de l'exposition et sur ce qu'elle pourrait être, abordons quelques considérations sur l'ensemble des produits exposés.

Les différentes branches de la céramique française, malgré l'absence regrettable d'un certain nombre de fabricants, ont été très convenablement représentées à l'Exposition; et si quelques nations étrangères n'ont pas présenté leurs productions avec toute l'importance qu'on était en droit d'attendre de leur puissance industrielle très connue, comme, par exemple, la Grande-Bretagne et l'Autriche-Hongrie, l'Exposition internationale de 1900 offrait cependant au visiteur un remarquable ensemble très intéressant à étudier.

La porcelaine nous montre à côté de vases, de pièces de services, d'objets divers décorés de peintures de moufle, procédé si souvent critiqué, des objets ornés au grand feu de four; elle suit en cela — lentement peut-être, — mais enfin elle suit la voie ouverte par Sèvres en 1855, avec les pâtes colorées, et par Copenhague en 1889, avec les couleurs sous couvertes. Ce changement de technique dans la décoration amène avec lui une transformation complète dans l'aspect des pièces; la porcelaine n'est plus un accessoire sur lequel on fait une peinture qui s'y fixe plus ou moins bien, c'est une matière précieuse enrichie avec art par des couleurs faisant corps avec elle. Un emploi assez rare de la porcelaine mérite, en outre, d'être signalé : c'est son application à l'architecture et à la décoration monumentale.

La pâte de verre, qui se classe par sa technique et par sa composition entre la porcelaine tendre et le verre, apparaît pour la première fois dans une exposition universelle sous forme de vases moulés, de bustes, de bas-reliefs; cette nouvelle matière céramique, que son auteur présente comme la reconstitution d'une ancienne technique décrite par Pline, est due au sculpteur de talent M. Cros.

La faïence fine n'apparaît guère que sous forme de vases, de jardinières, de candélabres, de revêtements, de fontaines aux vives couleurs, c'est à peine si on voit quelques services de table ou de toilette. Ce fait est regrettable, car ces objets d'usage journalier constituent certainement la meilleure base d'après laquelle on peut juger les progrès de l'importante et difficile fabrication de la faïence fine; en effet, un service de table met le céramiste aux prises avec le problème très complexe de satisfaire au beau, à l'utile et au bon marché.

La terre cuite et émaillée n'a pas été appelée à participer, comme en 1889, à la décoration des palais de l'Exposition, ce qui lui a fait perdre beaucoup de son éclat. Cette branche de la céramique avait cependant fait ses preuves et montré le précieux concours qu'elle pouvait prêter à l'architecture.

Elle avait remporté un premier succès très mérité en 1878 avec la porte monumentale que Lœbnitz père avait exposée à l'entrée du palais des Beaux-Arts français, d'après les dessins et sous la direction artistique de Paul Sédille.

En 1889, le succès fut encore plus grand; tout le monde conserve le souvenir des puissants et riches effets décoratifs obtenus par MM. Formigé, Dutert et Bouvard, par l'emploi des terres cuites et émaillées dans la construction des palais du Champ de Mars.

> Les constructions de l'Exposition, écrit avec raison le rapporteur de 1889, sont, à coup sûr, la plus importante tentative qui ait été faite de l'application de la céramique à la décoration monumentale et les résultats obtenus nous semblent avoir définitivement résolu la question.

M. Lœbnitz père terminait ses considérations sur les terres cuites et émaillées par ces mots :

> C'est l'anniversaire de 1789 qui sera le point de départ de cette renaissance, et ce style du XIXe siècle devra son esprit, sa grâce, son élégance à trois éléments, vieux il est vrai, mais rajeunis par leur union plus intime : le fer, le bois, la terre.

Ces succès, cet engouement, ces éloges mérités semblaient annoncer pour 1900 une application encore plus brillante de la céramique à la construction des édifices de l'Exposition; il n'en a rien été.

Ce fait est d'autant plus regrettable qu'à côté des terres cuites ou émaillées on aurait vu apparaître dans la construction et la décoration monumentales le grès cérame, dont la fabrication s'est si rapidement développée dans ces dernières années.

Il eût été très intéressant de comparer les effets décoratifs qu'on peut obtenir avec ces deux céramiques : l'une, la terre cuite, tellement correcte dans ses colorations, qu'elle en devient souvent froide; l'autre, le grès avec ses tons légèrement nuancés dans la même gamme qui lui donnent un aspect vibrant et chatoyant.

Le grès, après avoir été la poterie de luxe des XVe et XVIe siècles, n'avait plus guère été employé jusqu'à ces derniers temps, à quelques exceptions près, qu'à la production d'objets spéciaux exigeant une grande solidité, tels que dallages, tuyaux, touries, cruchons, etc., lorsque dans ces dernières années, sous l'impulsion d'artistes et d'architectes convaincus, aidés de très habiles fabricants, il est arrivé à reconquérir dans nos constructions la place que ses belles qualités de résistance et d'aspect lui assignaient. De sorte que de toutes les branches de la céramique qui figurent à l'Exposition, c'est certainement celle du grès qui a pris le plus grand développement depuis 1889; ce n'est pas à dire que les autres soient restées stationnaires; toutes ont fait de remarquables progrès tant au point de vue de la fabrication qu'à celui de l'art; les porcelaines, les grès, les faïences, les terres cuites sont fabriqués par des moyens plus rapides et plus économiques; les décorations sont mieux comprises et mieux étudiées; des procédés nouveaux surgissent de tous côtés, les anciens moyens décoratifs dont la céramique a si longtemps vécu sont de plus en plus abandonnés; tout cet ensemble de faits qui ressortent de l'examen des produits exposés en 1900 marque nettement une véritable renaissance des arts céramiques.

## APERÇU DES PROGRÈS RÉALISÉS DANS LES ARTS CÉRAMIQUES DEPUIS 1850.

En visitant une exposition, on peut à simple vue se rendre compte de la valeur artistique, de la qualité de la matière des objets soumis à notre examen et juger des progrès accomplis, mais rien ne nous met à même d'apprécier les perfectionnements industriels ou scientifiques qui ont été apportés dans la fabrication elle-même.

Ces perfectionnements sont cependant souvent assez intéressants et méritent d'être signalés; je ne crois donc pas déplacé de les décrire ici brièvement.

L'évolution dans les arts céramiques est lente; deux raisons en sont cause : la première est qu'une industrie qui date des premiers âges de l'humanité a dû, dans sa longue carrière, parcourir tout le champ ouvert à ses recherches, et ne laisser que peu de voies réellement fécondes inexplorées; la seconde est l'obligation de laisser s'écouler un long laps de temps avant de pouvoir juger avec certitude des qualités de résistance d'un nouveau produit céramique.

Cette seconde raison rend timides les fabricants; ils ne consentent à changer leurs procédés, — ce qui entraîne toujours des frais et souvent des déboires, — que lorsque quelque audacieux leur a montré le chemin du progrès.

Une conséquence de la lenteur du développement de la céramique est que, pour pouvoir en bien saisir la marche, l'on est obligé de l'étudier sur une assez longue période de temps; Ebelmen et Salvetat remontèrent jusqu'au commencement du siècle dans leur rapport de 1851 sur l'exposition internationale de Londres; ils embrassèrent ainsi cinquante ans de l'histoire de la céramique. Dans le présent travail, je m'efforcerai de continuer leur étude depuis 1851 jusqu'à ces dernières années, pour compléter, dans la mesure de mes moyens, l'histoire de la céramique du XIX^e^ siècle.

L'industrie céramique a besoin, comme toute industrie qui veut se développer, de recourir aux lumières de la science; dès que la science et l'industrie s'entr'aident, les progrès de l'une et de l'autre ne se font guère attendre; l'industrie apporte ses observations journalières; la science les coordonne, les étudie, les interprète et arrive à résoudre dans le laboratoire les problèmes qui s'étaient posés dans l'atelier.

Trois sciences se rattachent plus spécialement à l'industrie céramique, ce sont la science de l'ingénieur, la physique et la chimie; chacune d'elles a contribué et contribue journellement à ses améliorations et ses perfectionnements.

Je vais rapidement passer en revue les principaux progrès apportés à la céramique par ces sciences.

## PROGRÈS DUS À LA SCIENCE DE L'INGÉNIEUR.

A propos de la cuisson des poteries, Ebelmen et Salvetat, dans leur rapport de 1851, signalent surtout les améliorations apportées dans la construction des fours à alandiers; les fours à étages superposés sont cités comme un perfectionnement permettant d'économiser le combustible. Tous les efforts des chercheurs tendent, à cette époque, à introduire l'emploi de la houille dans la céramique et, bien que dès 1785 il ait été fait des cuissons avec ce combustible à Lille, ce n'est qu'à partir de 1840 qu'on voit son usage se répandre, avec lenteur il est vrai, car ce n'est que vers 1873 que le charbon de terre arrive à remplacer presque complètement le bois, en France tout au moins.

Cependant le rapport de 1851 mentionne déjà des tentatives de cuisson des poteries à l'aide des combustibles gazeux; Renard, Desbrulais et Ollivier, d'Huart de Nothomb prennent des brevets en France pour la cuisson au moyen du gaz en 1847; Weberling avait construit, en 1848, un four à briques chauffé au gaz.

Mais ces tentatives restèrent plus ou moins isolées, et ce n'est que lorsque Salvétat, chimiste de la Manufacture de Sèvres, eut attiré l'attention, dans ses *Leçons sur la Céramique* publiées en 1857, sur la grande importance que la cuisson au gaz pourrait avoir pour l'industrie, que les recherches se multiplient. Schinz, en 1858, propose un four à gaz pour briques, dans lequel l'air destiné à la combustion s'échauffe sur les produits qui viennent d'être cuits; en 1859, on fait à la Manufacture de Berlin un essai infructueux de cuisson de porcelaine au gaz.

Le premier four au gaz qui ait donné des résultats pratiques fut celui de C. Venier, mis en marche en 1860 à Klœsterle en Bohême: ce four fut ensuite installé à Budweis, puis à Meissen en 1863, où il resta en usage jusqu'en 1867, après quelques modifications apportées par Kühn, alors directeur de la Manufacture royale de Saxe, et enfin à la fabrique de porcelaines de Pirkenhammer en Bohême. En 1864, M. Dubreuil, avec la collaboration de M. Siemens, fait à Limoges des essais de cuisson de porcelaine dans un four à gazogène et récupérateur, sans obtenir industriellement le résultat qu'il espérait atteindre.

Toutes ces tentatives d'emploi du gaz dans les cuissons céramiques, même celles de Venier, dont le succès fut cependant de plusieurs années, ne devaient pas aboutir parce qu'elles s'appliquaient à des fours intermittents.

Employé dans de telles conditions, c'est à peine si le four à gazogène pouvait apporter une économie appréciable sur les procédés ordinaires de chauffage direct; le stationnement du gazogène imposé par l'intermittence et le manque d'air chaud pour la combustion à chaque reprise influaient désavantageusement sur la quantité de combustible consommé et sur son rendement calorifique.

L'application du gazogène à l'industrie céramique ne devait entrer dans une phase prospère que le jour où l'on adopta le principe des fours à marche continue.

La continuité des cuissons a été obtenue de deux façons, soit en déplaçant les foyers de combustion par rapport aux produits à cuire, soit en déplaçant les objets à cuire par rapport au foyer, immobilisé en un point déterminé.

Une idée neuve, même pleine de promesses, n'est accueillie que très lentement dans l'industrie en général, et peut-être encore plus lentement dans la céramique; nous en avons deux exemples frappants dans l'histoire des fours continus.

Dès 1776, un nommé Muller construisait un four, à six compartiments de 25 mètres cubes chacun, qu'on conduisait comme il suit : pendant qu'on cuisait le premier compartiment, les flammes qui en sortaient étaient dirigées dans le deuxième et échauffaient les pièces à cuire qu'il contenait; le premier compartiment convenablement cuit, on allumait le feu sous le deuxième en l'alimentant d'air qui s'était échauffé en passant sur les produits encore incandescents du premier compartiment; on opérait de même pour les compartiments deux et trois et ainsi de suite.

N'est-ce pas exactement la marche qu'on a appliquée de nos jours aux fours continus?

On n'avait à l'époque aucun doute sur l'économie de combustible que devait apporter ce mode de cuisson; mais on recula devant les dépenses d'installation, et la grande quantité de produits qu'il fallait fabriquer pour profiter de la continuité, et cela sans être sûr de leur vente; ce genre de four, qui près d'un siècle plus tard devait avoir un grand succès, tomba alors dans l'oubli.

L'idée du four continu est reprise en 1839 par Arnold, qui dispose circulairement ses chambres chauffées par des alandiers, puis plus tard par M. Jolibois, qui fait des galeries parallèles; mais elle n'arrive à sa réalisation complète et pratique qu'avec le four sans foyers distincts et sans cloisons fixes, construit en 1858 par MM. Hoffmann et Licht.

Le four Hoffmann, qui procure une grande économie et une grande régularité dans la cuisson des produits céramiques, s'est rapidement répandu dans l'industrie; il mérite bien l'éloge qu'on en a fait, en disant qu'il représentait l'un des plus grands progrès industriels accomplis depuis cinquante ans.

Des modifications plus ou moins heureuses ont été apportées au four continu Hoffmann; elles n'ont trait le plus souvent qu'à des détails de construction ou à des installations spéciales facilitant soit l'allumage, soit le départ de l'air chaud chargé de vapeur d'eau après son passage sur les pièces crues. On peut citer parmi ces fours continus Hoffmann modifiés, les fours Simon, Lœff, Buhrer et Hamel, Muller et Gilardoni, Morand, Schneider, Gobbe, etc., et tout récemment le four continu sans voûte supérieure fixe de M. O. Bock.

Les fours semi-continus proposés pour les usines de production moyenne, par Ruhne, Bourry et d'autres, dérivent plus ou moins du four Hoffmann.

La grande économie de combustible réalisée dans les fours Hoffmann et similaires est due à trois causes principales : 1° l'échauffement, sur les produits qui viennent d'être cuits, de l'air destiné à la combustion; 2° l'utilisation des gaz chauds au sortir de la partie en cuisson, pour commencer à cuire ou à sécher les pièces des parties suivantes du four; 3° l'introduction directe du combustible dans le milieu où se trouvent les objets à cuire.

Ce dernier point n'est pas sans avoir des inconvénients; les cendres et les mâchefers arrivent souvent à tacher quelques pièces, ce qui est peu à considérer, quand il ne s'agit que de briques ou de tuiles, mais qui peut occasionner des pertes sérieuses quand on fabrique des produits plus soignés et d'une plus grande valeur; d'autre part, ce mode de chargement du combustible ne permet guère d'obtenir à volonté les allures oxydantes ou réductrices que nécessitent beaucoup de fabrications. On a porté remède à ces inconvénients en substituant, dans le chauffage des fours continus, le combustible gazeux au combustible solide; dès lors plus de cendres, et réglage facile pour obtenir telle ou telle atmosphère.

La première application du gazogène à un four continu semble remonter à 1866 et devoir être attribuée à l'ingénieur G. Mendheim; en 1870, M. le directeur Möller installe avec M. Mendheim, à la Manufacture de Berlin, un four continu à chambres multiples chauffées au gaz; ce four, qui est en usage depuis 1871 à Berlin, sert encore journellement aujourd'hui à cuire une partie des porcelaines de la Manufacture royale.

En 1875, les ingénieurs de l'usine de Schwandorf réussirent à chauffer au gaz un four continu de la forme oblongue ordinaire des fours Hoffmann : ils répartirent mieux la combustion dans la masse des produits à cuire, à l'aide de brûleurs formés de cylindres percés de trous, amenant les gaz combustibles sur toute la hauteur du four, aux places où se faisaient antérieurement dans le four Hoffmann les charges du combustible solide.

MM. Müller et Fichet construisent, en 1876, un four continu chauffé par gazogène; M. Marle, en 1879, établit un four continu dans lequel on peut indifféremment chauffer au gaz ou à la houille. D'autres modifications plus ou moins importantes ont encore été apportées aux fours continus par MM. Buhrer, Stegmann, Fillard, etc.

M. Siebert, reprenant une idée de MM. Barbier et Colas, propose, en 1877, de chauffer les fours continus à l'aide d'un gazogène mobile roulant sur des rails, de manière à l'amener devant la place où doit s'opérer la cuisson; M. Dueberg fait la même proposition.

Nous arrivons maintenant au second mode de cuisson continu, à celui qui consiste, comme il a été dit, à faire avancer peu à peu les objets à cuire vers un foyer fixe, puis à les y laisser le temps nécessaire pour parfaire leur cuisson et à les en éloigner progressivement pour les refroidir, en prenant tous les dispositifs nécessaires pour perdre le moins possible de chaleur.

Ici, comme pour les fours continus à foyer mobile, nous nous trouvons en présence d'une idée qui a été mise en pratique, pour la première fois, il y a fort longtemps.

En effet, un four à moufle mobile avait été construit avant 1751 par un nommé

Gérin, de la Manufacture de Vincennes. Ce four était composé d'une chambre médiane tenue constamment à la température nécessaire à la cuisson des objets, et de deux chambres latérales d'entrée et de sortie, où circulaient les moufles portées sur un traîneau en fer. Ces deux chambres sont à une température beaucoup plus basse, afin de permettre aux pièces de poterie de s'échauffer graduellement en entrant et se refroidir de même en sortant. Ce four a fonctionné longtemps à Vincennes et plus tard à Sèvres: il n'a été abandonné que parce que la quantité de pièces fabriquées dans cette manufacture était insuffisante pour permettre d'entretenir sa continuité, ce qui en faisait disparaître presque totalement les avantages.

Cette description, écrite en 1751, contient tous les principes d'un four à circulation.

Legros d'Anisy revient aux moufles mobiles en 1809 et y apporte plusieurs perfectionnements.

Puis cette idée sommeille et on ne la voit se réveiller que vers 1850, avec les fours de Pechiné, et plus tard ceux de Demimuid (1855), Colas et Borie, de Rasch, de Orth, etc.; les wagons, dans ces fours, souffraient beaucoup de la chaleur et étaient rapidement hors de service; cet inconvénient en fit abandonner l'emploi.

M. Bock reprit le principe du four à circulation, dit four-tunnel, vers 1875; il le construisit mieux et isola autant que possible de la chaleur les roues des wagons chargés des poteries, s'avançant vers l'espace où la cuisson s'opère. Ce four chauffé au milieu du tunnel d'abord par la houille, puis plus tard par un gazogène, a fonctionné dans plusieurs tuileries allemandes. Siemens, à Hesse en Allemagne, M. Curot en France, construisent en 1877 des fours d'un système analogue.

Si le four-tunnel n'est pas entré en usage dans l'industrie pour la cuisson des poteries crues, il s'y est rapidement répandu pour la cuisson des pièces décorées; il fut d'abord repris, pour cet emploi, sous la forme qu'on lui avait donnée dès 1751, c'est-à-dire celle d'une galerie contenant le foyer, terminée à chacune de ses extrémités par une galerie perpendiculaire à son grand axe; puis il devint circulaire et enfin on le composa d'une seule galerie rectiligne chauffée vers son milieu à la température nécessaire à vitrifier les couleurs ou les émaux mis sur les pièces décorées. Ces fours à moufles mobiles donnent, en comparaison des anciennes moufles, rapidité de production, bonne qualité des décors quant à l'éclat et vivacité des couleurs et, de plus, économie de combustible.

Les fours à sole mobile, convenablement modifiés et perfectionnés pour mieux utiliser la chaleur, ont pu être appliqués par M. Faugeron à la cuisson de l'émail de faïences fines dans les usines de Creil et Montereau, et par M. Sturm, à Digoin.

Le dispositif des fours à circulation a été mis à profit pour la construction de séchoirs à air chaud à grand débit pour amener à siccité les énormes quantités de briques et tuiles nécessaires pour entretenir le fonctionnement des fours continus.

M. Otto Bock a décrit, en 1878, un tunnel-séchoir dans lequel l'air employé au séchage augmente constamment de température pendant son parcours, afin d'éviter toute condensation de vapeur d'eau sur les produits soumis au séchage, et où, de plus, l'air, chargé de vapeur d'eau, est ramené de la partie la plus chaude du tunnel vers la partie la plus froide, dans des tuyaux situés au haut de la voûte, de façon à faire profiter cette partie froide de la chaleur dégagée par la condensation de la vapeur contenue dans l'air.

M. Fouché applique son aéro-condenseur, alimenté par de la vapeur d'échappement de machines motrices, ou de la vapeur vive, à chauffer l'air qu'un ventilateur propulse à l'intérieur d'un tunnel-séchoir, où circulent en sens inverse du courant d'air les wagons chargés des produits soumis à la dessiccation.

M. Rappold brevète en 1898 un séchoir-tunnel disposé de façon à pouvoir admettre et évacuer l'air sur tel point qu'on désire dans son parcours.

M. Mœller a établi, avant 1897, un séchoir-tunnel, dans lequel se trouve à une extrémité une source de chaleur qui dessèche complètement les produits; la vapeur, formée par l'évaporation de l'eau enlevée aux objets par la chaleur, est éloignée de la partie la plus chaude de l'appareil et dirigée par des ventilateurs vers la partie la plus froide, de façon à récupérer la chaleur qu'elle entraîne.

M. Mœller propose d'accoupler son séchoir au four-canal Bock légèrement modifié dans ses détails et compte ainsi réaliser dans la fabrication des tuiles une grande économie de main-d'œuvre et de combustible.

On espère grand succès de cette combinaison du séchoir-tunnel et du four-canal pour l'industrie de la brique et de la tuile, et on a été jusqu'à dire que cette installation simultanée du séchoir Mœller et du four Bock aurait, pour le développement de la céramique, une importance égale à celle du four Hoffmann.

Ce rapide exposé des différentes phases par lesquelles sont passés les fours, ainsi que les séchoirs, montre tout l'intérêt que les ingénieurs ont porté à perfectionner les procédés de chauffage utilisés en céramique; les perfectionnements ont été si profonds qu'ils ont amené une transformation totale dans l'industrie de la brique et de la tuile.

Le fait que les fours continus étaient capables de cuire en un temps très court une grande quantité de produits, devait forcément entraîner la création de machines capables de façonner rapidement tuiles et briques, en nombre correspondant au débit des fours.

Nous avons vu toute l'ingéniosité, toute la science qui ont été déployées pour arriver à un séchage méthodique et rapide. Examinons quelle a été l'évolution des machines à façonner, machines qui étaient déjà à l'ordre du jour avant même l'apparition des fours continus. Ebelmen et Salvetat, dans leur rapport sur l'Exposition de 1851, signalent, dès cette époque, 109 brevets français et 77 patentes anglaises relatives à la construction de machines à briques ou à tuiles.

C'est dire avec quelle ardeur, quelle fièvre (suivant l'expression d'Ebelmen et Salvetat) les constructeurs français et anglais cherchaient à appliquer leurs connaissances mécaniques à la production des briques et des tuiles.

Le nombre, la variété des machines furent tels qu'on dut, pour les décrire, les classer d'après le principe fondamental sur lequel reposaient leur construction et leur effet. On adopta alors la classification suivante, encore applicable aujourd'hui :

1° Machines imitant le travail à la main;

2° Machines opérant le moulage par un mouvement de rotation continu;

3° Machines qui font le moulage avec un moule qui découpe;

4° Machines effectuant le moulage au moyen d'une filière et découpant ensuite, soit avec un couteau, soit avec un fil.

La pratique fit assez vite une sélection parmi les diverses machines proposées et quelques-unes seulement furent consacrées par l'usage.

Celles qui furent adoptées reçurent de nombreux perfectionnements et furent ainsi amenées aux types qu'on trouve aujourd'hui dans la plupart des briqueteries.

Ces machines ont été étudiées et établies pour la fabrication des briques et tuiles, à l'aide de trois états différents de la pâte : pâte molle, pâte ferme et pâte sèche.

Pour chaque machine à briques ou à tuiles et pour une espèce déterminée d'argile, il semble, en général, n'y avoir qu'un certain degré d'humidité qui donne non seulement les plus beaux et les meilleurs produits, mais encore le plus grand rendement pour le minimum de force employée. Ces considérations font ressortir l'intérêt pour le briquetier de surveiller, avec soin, le degré d'humidité de la pâte que la machine doit façonner.

Parmi les machines employées dans l'industrie pour le travail en pâte molle, ce sont celles de la quatrième catégorie de la classification de Brongniart qui se sont le plus répandues, c'est-à-dire celles dans lesquelles la pâte, poussée par une hélice ou un piston, traverse une filière et sort sous la forme d'un prisme qu'un outil découpe en briques, ou sous la forme d'une galette qu'une presse spéciale transforme ensuite en tuiles. Ces machines à briques, quel qu'en soit le modèle, sont en général accompagnées des instruments destinés à préparer la pâte, tels que broyeurs, cylindres écraseurs, lamineurs, malaxeurs, etc.

La puissance de ces engins s'est constamment accrue; leur production, qui, à l'origine, était de 1,000 à 1,500 briques à l'heure, arrive aujourd'hui à atteindre le chiffre énorme de 10,000 dans le même temps.

Pour le travail de la pâte ferme, on utilise des machines du même genre; leur construction, cependant, doit en être plus robuste.

Le procédé de fabrication des briques en pâte sèche consiste à comprimer l'argile sèche et finement broyée, à l'aide de presses douées d'une grande puissance, dans des moules très résistants; un des avantages de ce mode de fabrication est de livrer à leur sortie de la machine les briques à un état de siccité tel qu'on peut directement les soumettre à la cuisson.

Les machines employées dans la fabrication en pâte sèche doivent, pour donner de bons résultats, amener l'agglomération des argiles pulvérulentes non par choc, mais par pression progressive.

La fabrication en pâte sèche date de loin; à l'Exposition de 1819 figuraient des briques obtenues par la compression d'argile pulvérulente, à l'aide d'une machine spéciale inventée par M. Mollerat; ce mode de fabrication ne prit pas d'extension pour les argiles proprement dites, mais continua à être utilisé dans le nord de l'Angleterre, par exemple, pour la production de briques faites avec les argiles schisteuses ou argilites, substances qui ne possèdent que très peu de plasticité.

La fabrication en pâte sèche avec des argiles plastiques, reprise il y a quelques années, a donné (peut-être parce qu'elle avait été mal conduite), des produits défectueux qui l'ont fait considérer comme impropre à l'industrie céramique. Le rapporteur de 1878 M. Lœbnitz en condamne complètement l'emploi en disant : « D'une façon toute spéciale, nous insisterons sur la nécessité de proscrire le travail en terre sèche, surtout pour cette branche de la céramique que forment les briques et les tuiles. »

Nous saurons bientôt, sans doute, si cet ostracisme était mérité, car M. Czerny vient de reprendre l'étude de la fabrication en terre sèche, et ses affirmations sur la qualité des produits obtenus paraissent mériter qu'on en vérifie la valeur.

Outre les machines à façonner, dont nous venons de nous occuper, la mécanique a doté l'industrie de la céramique de types nouveaux de malaxeurs, de mélangeurs, de désagrégateurs, de broyeurs à cylindres, de machines à rebattre les briques, de machines à tuyaux, de presses de modèles variés pour la fabrication des tuiles, etc.

Si la mécanique a largement contribué à faciliter les travaux de la céramique de bâtiment, elle n'a pas moins fait pour la faïence fine et la porcelaine.

Dans ces fabrications, les pâtes doivent être composées avec des éléments très finement broyés et mélangés en présence d'une notable quantité d'eau.

Le broyage, qui était fait antérieurement dans des moulins à blocs, occupant beaucoup de place et ne donnant que de médiocres rendements, s'effectue maintenant dans presque toutes les usines à l'aide des moulins appelés Alsing, du nom de leur inventeur. Ils peuvent se placer dans des espaces restreints et ne prennent que peu de force; ils se composent de cylindres en fonte, revêtus intérieurement de briquettes de porcelaine ou de grès, dans lesquels on charge la matière à broyer, en même temps que des galets de quartz de la grosseur d'un œuf; par un mouvement de rotation du cylindre, matières et galets roulent en s'entre-choquant et très rapidement, surtout en présence d'eau, les corps les plus durs sont réduits en poudre impalpable.

Pour raffermir les pâtes jusqu'à la consistance qu'elles doivent avoir pour être façonnées sur le tour, c'est-à-dire pour leur enlever l'excès d'eau qu'on a dû ajouter à leurs constituants pour assurer un bon mélange, Needham et Kite ont doté en 1857 l'industrie du filtre-presse, instrument qui apparut à l'Exposition de Londres de 1862.

Les filtres-presses offrent de grands avantages, quant à la rapidité d'action et l'économie de place, sur les anciens procédés de raffermissement des pâtes; aussi furent-ils vite adoptés par les faïenciers et porcelainiers.

Le filtre-presse a été complété par la batteuse ou marcheuse, machine ainsi nommée parce qu'elle produit un travail qui se faisait autrefois par les pieds de l'homme;

elle a pour but de rendre homogènes les galettes plus ou moins humides qui sortent du filtre-presse.

Vers 1860, les tours mus mécaniquement et à vitesse variable de divers systèmes à axe horizontal ou vertical remplacent dans grand nombre d'ateliers l'ancien tour mis en mouvement par le pied de l'ouvrier.

Les machines à assiettes, présentées pour la première fois à l'Exposition universelle de Vienne, en 1873, constituent l'un des progrès les plus importants apportés à la fabrication de la porcelaine par la mécanique; elles sont dues à la science et à l'habileté de M. Faure, constructeur à Limoges; c'est à lui aussi que l'industrie porcelainière doit l'ingénieuse machine à plats ovales et les machines à calibrer les petits et grands creux.

Le moulage à la presse dans des moules métalliques, qui n'avait été employé jusqu'ici que pour le façonnage de pièces simples comme des anses ou des pernettes, a dans ces dernières années reçu de nombreux perfectionnements dans le but de fabriquer les petites pièces de formes très compliquées et très précises, destinées au montage des appareils d'électricité.

Bien que le procédé de moulage à la presse ait été appliqué avec succès à la fabrication d'objets de dimensions moyennes, il n'a pas encore été suffisamment perfectionné pour réaliser l'espérance que M. Lambert formulait en 1865 dans son traité sur les faïences fines en écrivant : « A entendre les fabricants les plus avancés, le perfectionnement des tours serait bientôt dépassé par un autre plus important, qui permettrait de supprimer le tour lui-même et fournirait directement des pièces achevées, par la simple action de la pression. »

La réalisation de cette idée serait, sans nul doute, un des plus grands progrès qu'on pourrait apporter à la céramique.

Cette question mériterait d'être reprise et étudiée à nouveau.

Je signalerai, en dernier lieu, comme progrès apporté par l'art de l'ingénieur, la substitution, en 1885, des machines à imprimer aux anciennes presses à bras, pour le tirage des épreuves chromo-lithographiques destinées à la décoration des faïences et des porcelaines; à l'aide de ces machines, le nombre des feuilles tirées, qui n'était que de 10 à l'heure avec la presse à bras, s'élève présentement à plus de 200.

## PROGRÈS DUS À LA PHYSIQUE.

Wedgwood, le célèbre potier du Staffordshire, comprit le premier le grand intérêt que les céramistes devaient attacher à l'estimation exacte des températures, afin d'éviter les actions néfastes que peuvent produire dans les cuissons des écarts même faibles de température et, dès 1782, il construisit pour son usage personnel un pyromètre basé sur l'accroissement de contraction que subit l'argile, quand on la soumet à des températures de plus en plus élevées.

Cet instrument fut longtemps le seul employé pour estimer les hautes températures



IMPRIMERIE NATIONALE.

utilisées dans les arts céramiques; malgré sa simplicité, il ne fut pas adopté par les fabricants et il finit par tomber dans l'oubli.

Bien des moyens de mesure des hautes températures ont été proposés, mais ce n'est qu'en 1886 qu'un pyromètre réellement pratique a été mis à la disposition de l'industrie.

Ce pyromètre, dû à M. Le Chatelier, ingénieur en chef des mines, professeur au Collège de France, est basé sur la mesure des forces électromotrices développées par la différence des températures de deux soudures thermo-électriques semblables, opposées l'une à l'autre. Proposé par Becquerel en 1830, étudié ensuite par Pouillet, critiqué par Regnault, le pyromètre thermo-électrique n'a pris la forme simple et pratique qui devait le faire adopter, qu'après que M. Le Chatelier a déterminé par ses savantes recherches la nature des métaux à mettre en contact et le type du galvanomètre à employer pour les mesures. Construit comme il l'est aujourd'hui, le pyromètre thermo-électrique est l'instrument le plus commode et le plus précis qui soit à la disposition des industriels pour mesurer les températures élevées.

Le très encombrant et peu précis pyromètre à circulation d'eau est totalement abandonné; la lunette Mesuré et Nouel, malgré ses qualités, est plutôt un instrument de comparaison qu'un appareil de mesure des températures.

Pour déterminer avec précision les hautes températures, le pyromètre thermo-électrique est nécessaire; mais, si on ne se propose que de suivre la cuisson d'un produit céramique, les montres fusibles sont alors suffisantes. Les montres fusibles sont des pyramides de dimensions déterminées faites à l'aide de pâtes composées de façon à ce qu'elles fondent à des températures convenablement échelonnées.

L'idée première de cette méthode appartient à MM. Lauth et Vogt, qui l'ont appliquée à Sèvres avant 1882, mais ils s'étaient contentés d'établir les montres fusibles correspondant aux températures utilisées dans la fabrication de la porcelaine.

Séger, après avoir étudié, en 1886, la fusibilité comparative de silicates faits de divers mélanges de feldspath, de craie, de kaolin et de quartz, établit une série de montres fusibles qui indiquent de 20 en 20 degrés environ les températures depuis 1150 degrés jusqu'à 1800 degrés. Cette échelle de montres fusibles, suffisante pour les températures élevées, a été complétée récemment pour les températures comprises entre 600 degrés à 1150 degrés, en employant des matières plus fusibles, comme l'acide borique ou des boro-silicates alcalins et plombeux.

Le céramiste peut donc, avec la série des montres fusibles telle qu'elle existe aujourd'hui, suivre et contrôler toutes les opérations de cuisson de 600 degrés à 1800 degrés, et cela avec la plus grande facilité et sans aucune installation spéciale; aussi, ces montres sont-elles entrées rapidement en usage dans les usines, surtout en Allemagne, et elles y rendent de très réels services.

L'objection faite aux montres fusibles de ne pas indiquer les abaissements de température qui peuvent survenir est sans valeur, quand on ne les emploie que pour surveiller la cuisson d'un produit céramique, car le produit à cuire aussi bien que la montre subissent cet abaissement de température, et les effets qui en résultent se font sentir sur l'un comme sur l'autre.

Dans le chauffage des fours, il est très important pour être guidé dans le réglage des feux de connaître à chaque instant l'intensité du tirage dont dépend, comme on le sait, la combustion plus ou moins parfaite du combustible; on a créé, dans ces dernières années pour mesurer le tirage un appareil très simple, basé sur le principe du manomètre de M. Kretz; sa sensibilité est telle qu'on peut estimer une dépression de 1/100e de millimètre; les anciens appareils de mesure de tirage étaient loin d'avoir cette précision.

La température et la pression qui règnent dans un four ne sont pas les seules choses à connaître pour mener à bien une cuisson, il faut en plus être renseigné sur la nature des gaz qui circulent dans le four, renseignement que seule l'analyse chimique peut donner avec exactitude.

Jusqu'en 1874, époque à laquelle apparut l'appareil Orsat, cette analyse de gaz ne pouvait se faire que dans le laboratoire du chimiste; maintenant, grâce à cet instrument bien construit et pratique, la composition des gaz peut être déterminée en quelques minutes et dans la salle même des fours, avec une exactitude suffisante pour les besoins de l'industrie.

Ces divers instruments de mesures, dont la science a enrichi l'industrie, sont autant d'armes mises à sa disposition pour éviter les désastreux effets d'une cuisson mal conduite.

La contribution de la science au perfectionnement de l'art du potier ne s'arrête pas là; récemment plusieurs savants se sont occupés de l'étude des conditions dans lesquelles l'accord s'établit entre les pâtes et les couvertures, accord indispensable à réaliser pour éviter deux graves défauts la tressaillure et l'écaillage. Si, sur une poterie, pendant le refroidissement, la couverte se contracte plus que la pâte, la tressaillure apparaît; si c'est la pâte qui se contracte plus que la couverte, il y a écaillage.

De là, quand on veut éviter ces accidents à proscrire de toute bonne fabrication, la nécessité de connaître les dilatabilités de la pâte et de la couverte.

L'influence de la dilatation sur l'accord des pâtes et couvertes céramiques est restée longtemps ignorée; ce n'est qu'en 1882 que Seger, directeur de l'Institut des recherches de Berlin, en a nettement indiqué l'importance dans une étude sur la faïence fine; il évalua empiriquement, dans ce travail, les différences de dilatation par la finesse plus ou moins grande du réseau formé par les tressaillures ou par l'importance de l'écaillage produit, et il reconnut ainsi : 1° que dans les pâtes la substitution du kaolin à une argile plastique en diminue le coefficient de dilatation; 2° que l'augmentation du quartz le fait croître et cela d'autant plus que le quartz est plus finement pulvérisé; 3° que l'addition de feldspath abaisse le coefficient de dilatation, et enfin 4° que le coefficient augmente quand la température de cuisson s'élève.

Des recherches sur les dilatations des matières céramiques entreprises à l'École des Mines de Paris, sous la direction de M. le professeur Le Chatelier, ont apporté à cette très importante question non seulement la rigueur scientifique que l'empirisme n'avait pu lui donner, mais encore la constatation de faits nouveaux.

Le premier travail sur cet intéressant sujet fut fait au laboratoire de l'École des Mines, en 1897, par M. Em. Damour, à l'aide d'un appareil assez simple basé sur la méthode Fizeau; dans cette série d'expériences, les dilatations ne purent être étudiées qu'entre 15 et 100 degrés, limites insuffisantes pour renseigner complètement les céramistes. Un second travail fut entrepris, en 1898, par M. Coupeau, ingénieur civil des mines; il se servit, pour ses recherches, d'un appareil encore plus simple que le précédent et pouvant mesurer les dilatations jusqu'à près de 1,000 degrés. Dans cette méthode, on se contente de mesurer la dilatation relative du corps étudié par rapport à une substance de dilatabilité connue, la porcelaine dure, par exemple. La dilatation de la porcelaine avait été très exactement fixée antérieurement par MM. Deville et Troost, puis par M. Le Chatelier et MM. Holborn et Wien.

Les recherches de M. Coupeau, ainsi conduites, ont porté sur les dilatations de couvertes des pâtes employées industriellement, et aussi sur des pâtes spéciales faites avec des éléments connus chimiquement et entrant en quantité déterminée dans les mélanges, de façon à mettre en évidence le rôle de chacun des éléments constitutifs des pâtes et à étudier le rôle très important que joue la température de cuisson sur la dilatabilité des produits qui en résultent.

Ces études de M. Coupeau confirment, d'une part, les faits qui étaient plus ou moins admis : 1° que le quartz augmente le coefficient de dilatation et cela d'autant plus qu'il est plus finement broyé; 2° qu'il existe au moins quatre variétés de silice présentant des dilatations très différentes et souvent très irrégulières, fait annoncé par M. H. Le Chatelier, en 1890, à l'Académie des sciences dans un mémoire remarquable; 3° que le feldspath et, en général, les matières vitrescibles le diminuent; 4° que le coefficient de dilatation augmente, pour les pâtes non vitrifiables, avec le degré de température de cuisson; de plus, elles établissent les faits nouveaux suivants, que : 1° dans les pâtes vitrifiables le coefficient de dilatation décroît quand la température de cuisson s'élève; 2° que les argiles peuvent, suivant leurs compositions, augmenter ou diminuer la dilatation des pâtes.

L'observation faite par M. Le Chatelier de l'irrégularité de la dilatation du quartz aux différentes températures est du plus haut intérêt pour les céramistes. On prévoit, en effet, tous les accidents que peut déterminer la présence inévitable du sable quartzeux dans les pâtes céramiques non vitrifiées, les plus légers changements dans la composition ou dans le point de cuisson peuvent amener de profonds mécomptes dans la fabrication. De là l'origine de toutes les difficultés que présente la fabrication de la faïence fine, dont la composition et le point de cuisson correspondent à la période de variation de dilatation du quartz.

Si les faits acquis dans ce très important travail, auquel la Manufacture de Sèvres n'est pas restée étrangère, ne sont pas encore suffisants pour répondre avec netteté à toutes les questions qui se posent dans le difficile problème d'amener l'accord parfait entre les pâtes et les couvertes, ils apportent néanmoins un grand jour sur beaucoup de points qui étaient restés jusqu'ici très obscurs.

M. Le Chatelier a guidé, en outre, l'étude de quelques autres propriétés physiques des échantillons dont on avait mesuré la dilatation, telles que le retrait, la porosité. le coefficient d'élasticité, la tenacité.

Ainsi, les méthodes de recherches, les instruments de mesure sont créés, des travaux très intéressants sur les propriétés physiques des produits céramiques ont été faits, ils donnent déjà, tout incomplets qu'ils sont, des résultats très intéressants; il est à espérer qu'ils seront continués et qu'ils apporteront un ensemble de données qui permettront au céramiste de fabriquer avec sécurité des produits ayant toutes les qualités désirables pour un bon usage et une décoration brillante.

## PROGRÈS DUS À LA CHIMIE.

La connaissance de la nature des argiles présente, à des points de vue différents, un très grand intérêt pour le céramiste et pour le savant; aussi de nombreuses études ont-elles été faites sur ce sujet.

La composition de l'argile est plus difficile à établir d'une manière certaine que celle des fedspaths par exemple, parce que l'argile n'est pas une matière minéralogique définie, mais en général un mélange de débris de roches diverses avec une matière plastique qui lui communique ses principales propriétés.

Malgré les nombreuses et savantes recherches sur les argiles et les kaolins de Forchammer, de Brongniart et Malaguti et de Mitscherlich, il restait encore plus d'un point obscur sur leur composition; de récents travaux ont apporté quelque lumière à cette intéressante question en mettant à profit les résultats fournis tout à la fois par l'analyse mécanique, l'analyse chimique et l'étude micrographique.

L'analyse mécanique consiste, comme on le sait, à séparer, par ordre de grosseur de grains, à l'aide d'un courant d'eau de vitesse déterminée les éléments constituant l'argile mise en expérience; l'appareil imaginé par Schœn en 1867 permet de faire ces séparations avec une netteté, bien supérieure à celle que donnaient les anciens appareils employés à cet usage.

Bien que souvent les résultats fournis par une analyse mécanique puissent suffire à renseigner le fabricant sur les qualités de l'argile qu'il se propose d'employer, ce genre d'investigation n'indique nullement sa composition intime; il faut, pour arriver à la connaître, recourir à l'analyse chimique et l'appliquer à chacune des parties séparées mécaniquement, en se servant de la méthode dite *rationnelle*. Cette méthode est basée sur ce fait, qu'en général, dans les argiles, seules les matières plastiques sont décomposées par l'acide sulfurique.

Des études, faites suivant cette méthode de recherche, d'abord par Frésénius, Bischof, Richter et autres, et plus récemment par Seger (1877) et M. G. Vogt (1897), ont beaucoup contribué à préciser nos connaissances sur les argiles.

M. Vogt arrive, en se basant sur ses travaux, sur ceux de ces différents chimistes et aussi sur les études micrographiques de MM. Johnson et Blake (1867), MM. Biederman et Herzfeld (1878), M. von Fritsch (1881) et M. Hussak (1889), aux conclusions suivantes sur la constitution des argiles et kaolins :

1° L'élément éminemment plastique, qui constitue la base de la presque totalité des kaolins et des argiles, est un silicate d'alumine hydraté, la kaolinite, corps cristallisé en très petits cristaux;

2° Les alcalis, dont la présence avait été signalée depuis longtemps par Mitscherlich, sont introduits dans les argiles et les kaolins par des débris impalpables de muscovite ou mica blanc, minéral qui acquiert par un broyage soigné la plasticité et les propriétés générales de la kaolinite;

3° La matière argileuse des marnes, qui est de toute autre nature que la kaolinite, semble être formée en grande partie par des débris de minéraux magnésiens (biotite, chlorite ou autres).

Ces vues nouvelles sur la constitution des kaolins et des argiles ne sont pas sans utilité pour le céramiste, car elles permettent de concevoir comment varieront les qualités techniques de ces matières, selon la nature des débris minéraux qui, avec l'élément plastique, kaolinite ou mica blanc, entreront dans leur composition.

Les argiles à porcelaine ou kaolins seront celles formées de kaolinite pure ou qui du moins ne contiendront comme matières accessoires que du mica blanc ou des minéraux exempts de fer, tels que quartz ou feldspath.

Les argiles réfractaires ne renfermeront, outre la kaolinite, que du quartz ou des minéraux alumineux, tels que l'allophane ou la bauxite, et elles ne devront contenir que peu de débris micacés.

Les argiles à grés auront la propriété de donner des poteries légèrement vitrifiées, grâce à la présence de fortes proportions de mica, d'oxyde de fer ou de chaux dans leur composition.

La plasticité de ces diverses argiles dépendra de la dimension des débris qui les composeront; plus les éléments de forme lamellaire, kaolinite et mica, seront abondants et tenus, plus la plasticité sera grande.

Ces considérations sur la constitution des argiles montrent toute l'importance que prend dans leur étude la méthode rapide d'analyse mécanique : un simple lavage, la constatation de la présence ou non de calcaire, par l'action d'un acide, du vinaigre, par exemple, la manière dont les différentes parties, séparées par le lavage, se comportent au feu, suffiront dans la majorité des cas, à bien déterminer les qualités de l'argile que le fabricant désire utiliser.

Nos connaissances sur les couvertes, émaux et couleurs, sont longtemps restées très restreintes; seul l'empirisme présidait à la confection de ces glaçures diversement colorées auxquelles les céramiques doivent leur éclat.

Le praticien, l'arcaniste selon l'expression ancienne, possédait des formules plus ou moins rationnelles, souvent grotesques, qu'il mettait en œuvre en s'entourant du plus grand mystère, tout comme s'il eût préparé la pierre philosophale; rien de précis ne se dégageait de son œuvre.

Ce n'est que depuis les récents travaux entrepris par divers chimistes sur la constitution des verres et des couvertes et leurs modes de fabrication, que le céramiste est en possession de méthodes scientifiques qui lui permettent de préparer, d'une façon sûre, des couvertes et des émaux capables de recouvrir ses pièces sans présenter les accidents si connus de tressaillure ou d'écaillage.

Seger, dans un travail de 1882, établit les limites assez resserrées, entre lesquelles les éléments chimiques peuvent varier dans les glaçures, sans qu'elles cessent d'avoir les qualités que doit posséder un verre réellement inaltérable. Il insiste sur ce point que si, dans la composition d'un émail ou d'une couverte, on substitue un corps chimique à un autre, il faut faire cette substitution proportionnellement aux poids moléculaires; il étudie, dans ce même travail, l'influence qu'exercent les diverses matières, qui entrent dans la composition des couvertes, sur leur fusibilité, sur leur dilatabilité, sur leur dureté et leur coloration; il signale ce fait important que la présence de l'alumine est nécessaire dans les couvertes pour en éviter la dévitrification.

Pour se mettre à l'abri des dangers que présentent les émaux plombeux pour la santé des ouvriers qui en manipulent de grandes quantités dans les ateliers, Seger, d'une part, M. Heinecke, de l'autre, étudient, en 1884, la fabrication d'émaux sans oxyde de plomb et indiquent des formules rationnelles qui donnent de très bons résultats, mais qui malheureusement ne sont pas entrés dans la pratique des ateliers. Dans le même but d'éviter les actions délétères du plomb, M. Peyrusson compose, en 1897, une série complète de couleurs d'impression dans lesquelles l'oxyde de plomb est remplacé par celui de bismuth.

Dans l'exposé des résultats de leurs recherches sur les verres et les couvertes, les auteurs ont dû recourir aux notations chimiques, qui seules leur permettaient de s'exprimer d'une façon claire et précise. Ces notations chimiques commencent maintenant à se répandre dans les journaux traitant des arts de la terre; il serait à désirer qu'elles devinssent de plus en plus familières aux céramistes, car elles forment un ensemble qui constitue une langue non seulement claire et précise, mais encore un langage universel, comme le prouve le fait suivant.

Pendant l'Exposition, deux Japonais, autorisés à suivre une cuisson de porcelaine à Sèvres, essayaient, durant la nuit passée au four, de nous communiquer leurs idées sur la fabrication en général, mais les rudiments de français qu'ils possédaient étaient insuffisants pour arriver à nous comprendre; parmi les mots qu'ils répétaient avec insistance (sili, silik) plus ou moins bien articulés pour nos oreilles européennes, je crus reconnaître le mot silice; à tout hasard j'écrivis le symbole $SiO^2$ et le leur présentai; à cette vue le visage des Japonais devint souriant, ils comprenaient; à partir de ce moment nous pûmes nous communiquer nos idées sur les pâtes et les couvertes en écrivant des formules chimiques.

L'instruction qui se répand aujourd'hui et qui se répandra de plus en plus parmi nous, il faut le souhaiter, fera naître certainement chez toute personne s'occupant d'une industrie le désir de connaître les principes scientifiques qui la régissent et la guident vers le progrès; alors l'idée surannée et fausse que le vrai céramiste cesse où le chimiste commence, aura vécu.

En 1888, MM. Lauth et Dutailly publient un important mémoire relatif aux recherches qu'ils ont faites à la Manufacture nationale de Sèvres sur les couvertes; c'est dans ce mémoire que sont signalées, pour la première fois, les couvertes cristallisées obtenues à l'aide de l'oxyde de zinc.

La publication de MM. Lauth et Dutailly attira sur les couvertes cristallisées l'attention de M. Ad. Clément, de Copenhague, et, comme il l'a dit lui-même dans une communication faite à Vienne en 1898, ce fut pour lui le point de départ pour préparer les couvertes cristallisées qui furent présentées à l'Exposition de 1889.

Les couvertes cristallisées qu'on a admirées cette année à l'Exposition de Sèvres sont pour la plupart à base de zinc, mais faites suivant une technique différente de celle indiquée par MM. Lauth et Dutailly, ou par M. Clément, de Copenhague.

D'autres couvertes cristallisées ont été aussi obtenues récemment par l'emploi dans leur composition de magnésie ou d'acide titanique.

Aux couvertes cristallisées se rattachent directement les couvertes mates, destinées surtout aujourd'hui aux grès; l'aspect de ces couvertes est, en effet, due à l'enchevêtrement de nombreux cristaux de dimensions très petites, qui enlèvent tout le brillant de leur surface. M. Vogt vient de publier (1900) une série de formules des couvertes mates de ce genre en usage à Sèvres pour le grès.

La composition des couvertes rouges de Chine n'a été connue en Europe qu'après l'étude qu'en firent, en 1852, Ebelmen et Salvetat à la Manufacture de Sèvres; les échantillons de leurs essais, conservés au musée de cet établissement, sont les premiers spécimens de couverte rouge de cuivre fabriquée en Europe. Après avoir été abandonnée pendant plus de vingt ans, la question de la fabrication des rouges chinois fut reprise, en 1877, par H. Boulenger, de Choisy-le-Roi, qui obtint, en collaboration avec Ch. Feil, de beaux rouges bien transparents sur faïence; en 1880, Th. Deck en présente, ainsi que M. Optat Milet, de beaux spécimens sur porcelaine à l'exposition de l'Union centrale des arts décoratifs; Bunzli, de Krummnusbaum (Autriche), en expose en 1881; puis apparaissent, en 1883, les rouges de M. Chaplet et de M. Ch. Haviland; mais aucun de ces céramistes ne publie ses procédés.

La seconde publication sur la production des rouges de cuivre vient, comme la première, de Sèvres; elle est due à MM. Lauth et Dutailly. Dans un mémoire présenté en juin 1888, ces auteurs exposent avec précision les procédés qu'ils ont suivis à la Manufacture nationale pour obtenir les beaux vases rouges flammés qui ont été admirés à l'exposition de l'Union centrale de 1884. A la suite de cette publication, plusieurs céramistes se mettent à l'œuvre et produisent les couvertes rouges qui ont figuré à l'Exposition de 1889.

Seger, qui avait exposé en 1883 des rouges flammés faits à la Manufacture royale de Berlin, publie en 1891 une savante étude sur les diverses conditions à remplir pour fabriquer les rouges *industriellement*, suivant l'expression employée par l'auteur. La difficulté d'obtenir le rouge sang de bœuf, écrit Seger, réside moins dans la composition de la couverte, bien qu'elle ait son influence, que dans la nature des flammes pendant la cuisson; il donne ensuite les conditions dans lesquelles on doit se mettre pour réussir; il va même plus loin, il indique une marche, dont j'ai vérifié l'exactitude, qui permet, dans la même cuisson, de développer sur une même pièce, le rouge de cuivre, qui exige un feu réducteur, et le jaune d'urane qui ne se produit que dans un milieu oxydant.

Seger, en 1884, appelle l'attention des fabricants sur les accidents que peut occasionner sur les produits céramiques l'acide sulfurique et ses composés contenus dans les pâtes ou les couvertes pendant la cuisson. Cette action néfaste de l'acide sulfurique était, jusqu'à la publication de ce travail, passée inaperçue; il ne s'agit pas ici, bien entendu, de cette efflorescence de sulfate qui se présente quelquefois à la surface des pièces après refroidissement, fait déjà signalé et scientifiquement expliqué par Hellot avant 1753, mais bien des accidents tels que picots, bouillons ou pustules qui se produisent pendant la cuisson et que Seger démontre être dus à l'action de l'acide sulfurique apporté soit par des eaux séléniteuses, soit par le soufre que les houilles contiennent toujours en plus ou moins grande quantité.

Tels sont, à grands traits, les travaux scientifiques qui ont le plus contribué au développement des arts céramiques dans cette dernière moitié du siècle.

Ce rapide exposé prouve bien que l'industrie céramique soutenue par la science et guidée par l'art marche encore, malgré son grand âge, d'un pas allègre et sûr dans la voie du progrès.

## ÉVOLUTION ARTISTIQUE.

Nous venons de résumer les perfectionnements apportés à la fabrication par les savants et les techniciens; nous allons maintenant jeter un coup d'œil rapide sur les importantes transformations amenées par les artistes dans la manière de comprendre la décoration.

L'influence de l'art sur la céramique a été grande dans ces dernières années, et l'on est loin aujourd'hui de ne considérer dans les produits exposés que la qualité de la matière cuite; on tient, avec raison, grand compte de la forme, du décor, en un mot de la valeur artistique des objets soumis à l'appréciation du Jury et du public.

Un fait, qui montre bien l'importance qu'on attache de plus en plus à l'art en céramique, ressort nettement de l'examen de la composition du Jury de 1855 et de celui de 1900 : dans le premier, sur 14 jurés, on ne compte qu'un seul archéologue; dans le second, 10 représentants de l'art, nommés tant par la France que par les gouvernements étrangers, figurent parmi les 38 membres qui le composent.

L'art, qu'on ne considérait en céramique que comme un accessoire, y prend, pour ainsi dire, la place prépondérante. Sous l'impulsion des artistes, sculpteurs et architectes, les fabricants quittent peu à peu les anciens errements qui consistaient à ne faire que des copies; ils cherchent, et souvent ils réussissent à produire des œuvres neuves et bien personnelles.

L'évolution s'est néanmoins faite lentement dans ce sens. Pour en juger, voyons quels sont les céramistes récompensés dans les expositions universelles antérieures.

En 1855, ce sont, parmi les faïenciers, Minton, Avisseau, Lesme, Barbizet, et d'autres encore; ils exposent tous des imitations ou des copies serviles de Palissy ou des della Robbia; le marquis de Ginori est félicité pour des fac-similés qu'il fait des anciennes productions de Doccia.

Pour la porcelaine, les récompenses vont aux vases, copies de vieux sèvres ou d'italiens; que les pièces soient françaises, allemandes ou anglaises, pourvu qu'elles soient ornées d'un cartel peint, entouré de dorures somptueuses, cela suffit pour qu'elles soient appréciées par le Jury.

Sèvres présente pour la première fois, à cette Exposition de 1855, des pièces décorées au grand feu à l'aide des pâtes colorées; ce nouveau procédé de décoration entraîne une nouvelle manière de concevoir l'ornementation des porcelaines et oblige le décorateur à sortir des redites sans nombre dans lesquelles il se complaisait; en cela, les pâtes colorées ont rendu un signalé service à l'art céramique.

Si quelques éléments de construction, en terre cuite ou en grès, figurent à l'Exposition de 1855, on ne les considère que comme des pièces destinées à suppléer aux pierres naturelles dans les contrées où celles-ci font défaut; le parti qu'on peut tirer pour la décoration des monuments des terres cuites ou émaillées n'attire l'attention ni du fabricant ni de l'architecte.

La situation reste la même en 1867; les objets d'art exposés sont, à quelques exceptions près, des copies plus ou moins heureuses des pièces anciennes; Avisseau, Pull, Minton, la fabrique de Gustavberg font des faïences Henri II, dites *d'Oiron;* Jean expose des imitations de Delft, de Rouen et des della Robbia; Ulysse, de Tours, fait du rouen, de l'italien; la fabrique de Gien imprime sur ses faïences des décors imités du rouen polychrome et du moustiers. La reproduction du palissy est devenue une véritable industrie à laquelle de nombreux fabricants se livrent.

Deux céramistes, cependant, ouvrent, à cette époque, une nouvelle voie : ce sont Deck et Collinot.

Deck, séduit par l'éclat et la vivacité des couleurs des faïences persanes, cherche et réussit à fabriquer des produits qui, par la beauté et le brillant des émaux, rappellent ces belles faïences orientales. La première manifestation de cette nouvelle fabrication eut lieu, en 1861, à l'Exposition des arts industriels à Paris; puis, ayant su intéresser à cette nouvelle manière de comprendre la décoration céramique de nombreux artistes de valeur et leur en faire comprendre toutes les ressources, il remporte un légitime succès en exposant en 1867 des œuvres originales sorties de ses ateliers, signées Ranvier, Hamon, Reiber, M^me^ Escallier, Legrain, Gluck, Anker, etc.

Collinot s'adonne aussi au genre persan, mais ses productions sont moins originales et moins variées que celles de Deck; il se limite, pour leur décoration, à suivre comme modèles les dessins rapportés d'un voyage en Perse par Adalbert de Beaumont.

La transformation apportée à la décoration céramique par ces deux céramistes, mais surtout par Deck, eut une grande influence sur l'évolution artistique, et elle fut accueillie avec joie par tous les amateurs, qui déjà étaient las des continuelles reproductions de pièces anciennes.

Le rapport de l'Exposition de 1867 renferme cependant de justes et sévères critiques contre l'abus des copies et imitations de poteries anciennes, et, comme de nombreux exposants de 1900, tant français qu'étrangers, ont encore cru pouvoir présenter au public et soumettre à l'appréciation du Jury de ces ennuyeuses et sempiternelles reproductions, je crois devoir leur rappeler les critiques et les sages conseils que le rapporteur de 1867, Aimé Girard, adressait aux céramistes.

Lorsque, il y a vingt ans environ, écrit-il, la faïence et la terre vernissée, délaissées si longtemps, sont revenues en honneur, la préoccupation première des artistes a été la reproduction des œuvres laissées par les maîtres du XVe et du XVIe siècle. Les faïences de Palissy, celles des potiers de Pesaro et d'Urbino ont été le point de mire de toutes les recherches. Ces recherches ont été couronnées de succès, et bientôt nous avons pu voir, en grand nombre, des imitations heureusement réussies de cette grande époque de la faïence. C'est ainsi qu'il était convenable de procéder : imiter d'abord, créer ensuite. Malheureusement, après avoir exécuté la première partie de ce programme, nos potiers se sont arrêtés; ils savaient imiter, ils ne créèrent point. Le goût du jour devait, du reste, les encourager dans cette fâcheuse voie; il les y pousse encore, et il est rare de voir aujourd'hui le public, même éclairé, préférer l'œuvre moderne d'un artiste intelligent à quelque surmoulage de Palissy.

Les conséquences de cet état de choses sont faciles à prévoir; s'il se maintient, la reproduction des faïences anciennes ne tardera pas à devenir une industrie ordinaire, avec ses exigences économiques et pratiques; confié à des *ouvriers*, habiles sans doute, mais qui devront s'occuper du *rendement*, le travail perdra son cachet artistique; formes et décors, au lieu de s'épurer, iront en s'abâtardissant, et le goût public, faussé davantage de jour en jour, conduira à une décadence prochaine une renaissance que l'on avait saluée avec joie.

Ce n'est point que les éléments nous manquent pour obtenir des résultats tout différents et pour faire de la faïence moderne une des ressources les plus précieuses de l'art décoratif. Dans la revue rapide que nous allons faire des œuvres récompensées au concours de 1867 (ceci s'applique encore à bon nombre d'exposants de l'Exposition de 1900), nous aurons à citer plus d'un artiste de talent, plus d'une œuvre de mérite; mais combien de fois ne pourrions-nous pas ajouter que, sacrifiant au faux goût du jour, plus d'un, parmi les meilleurs, préfèrent souvent surmouler ou copier qu'inventer. Puissent les avertissements que, aujourd'hui plus que jamais, adressent à nos potiers tous les amateurs éclairés les arrêter à temps! Ce n'est pas à eux de subir les exigences d'un goût égaré, c'est à eux de savoir s'imposer par des œuvres originales.

Ces sages avertissements, ces conseils sensés, que nous retrouverons exprimés dans les rapports des Expositions de 1878 et de 1889, n'ont malheureusement pas été écoutés par tous les céramistes; beaucoup d'entre eux, faïenciers ou porcelainiers, se montrent rebelles à toute idée créatrice et, malgré toutes les observations et toutes les critiques des personnes les plus autorisées, ils continuent encore aujourd'hui à faire des pastiches et des imitations des œuvres des siècles passés; qu'ils prennent garde, ils compromettent, en restant trop longtemps dans cette voie, l'existence même de leur industrie.

Les produits céramiques destinés à la construction et à l'ornementation des bâtiments, exposés en 1867, diffèrent peu de ceux vus en 1855; ce sont surtout des panneaux de revêtement et des carreaux de carrelage; le grand développement de la céramique architecturale ne prendra son essor qu'en 1878. On constate cependant déjà des efforts et des progrès notables faits dans la fabrication des poêles d'appartement; de beaux spécimens étudiés par d'habiles architectes sont présentés alors par les maisons J. Lœbnitz et V. Vogt; on sent, dès cette époque, que la céramique architecturale va renaître et sortir enfin de l'abandon où elle restait plongée, à de rares exceptions près, depuis que Philibert Delorme (1550) avait su par ses manœuvres empêcher l'achèvement, dans le bois de Boulogne, du château de Madrid, dont la décoration presque entièrement composée de faïences et d'émaux avait été confiée à Girolamo della Robbia.

La céramique — qui, à l'étranger et surtout dans les pays où la pierre à bâtir est plus rare que chez nous, n'avait jamais cessé d'être employée par les architectes — reprend peu à peu en France le rôle important que sa solidité jointe à ses brillantes couleurs, devait lui réserver dans la construction et la décoration de nos édifices : la façade de Saint-Leu-Taverny est ornée, en 1851, de faïences dessinées par Cornu, exécutées par Lœbnitz et peintes par Devers; des médaillons peints par le même artiste figurent dans le Palais de l'industrie de 1855; l'architecte Davioud égaye, vers 1865, les pavillons des gardes des jardins et promenades de Paris de frises polychromes exécutées la plupart par Th. Deck; un peu après, Duc, Sédille recourent plus résolument à la faïence pour donner aux coquettes villas qu'ils édifient une harmonieuse polychromie.

Mais ce n'est qu'à l'Exposition de 1878 que se manifestent les brillants effets que l'architecture peut tirer de la céramique; là apparaissent le porche des beaux-arts de l'architecte Jaeger, avec les belles peintures sur faïence de H. Boulenger et de Deck d'après les cartons de M. Ehrmann; la porte monumentale du Palais des beaux-arts de Sedille, construite en terres cuites mates, émaillées de diverses couleurs ou dorées, sorties des ateliers Lœbnitz; l'élégant pavillon de la Ville de Paris de M. Bouvard, où l'éclat des faïences s'associe au mat des briques, diversement colorées dans leur masse; la grande façade de l'Exposition, conçue par Léon Parvillée et exécutée par Em. Muller, d'Ivry; la gare du Champ de Mars, de M. I. Lisch; le pavillon de l'Union céramique et chaufournière, de M. Deslignières, et bien d'autres expressions de l'application de la céramique à l'architecture qu'on pourrait encore citer.

A partir de ce moment, l'alliance entre architecte et céramiste est faite; ils se comprennent et s'entr'aident l'un l'autre, et de leur union naîtront les superbes bâtiments aux claires et joyeuses couleurs qui donneront une physionomie si spéciale et si belle à l'Exposition de 1889.

Si de 1867 à 1878 la céramique, sous l'impulsion d'éminents architectes, a fait de grands progrès dans ses applications à la construction, elle n'en a pas fait d'aussi marqués dans les autres branches.

Cependant Th. Deck continue ses recherches, multiplie ses procédés de fabrication et de décoration; aux émaux transparents, aux cloisonnés il ajoute les fonds d'or et les peintures sous couverte, et, avec le concours des artistes de talent dont il ne cesse de s'entourer, il crée les superbes pièces qui le mettent en 1878 au premier rang des faïenciers d'art; il fait école, et beaucoup le suivent dans le chemin qu'il a magistralement ouvert.

Bracquemond, notre graveur de talent bien connu, aidé des sculpteurs Aubé et Delaplanche, donne aux porcelaines et aux faïences de la maison Haviland, dont il dirige les ateliers de décoration, une saveur originale et des aspects inattendus.

La décoration des porcelaines au grand feu devient plus vive, plus brillante, grâce à la richesse des tons des pâtes colorées préparées soit à Sèvres, soit dans l'industrie privée. Les artistes deviennent plus maîtres des effets que ce procédé encore nouveau peut produire et dont M. Lameire fait à cette époque l'éloge dans ces termes :

La découverte des pâtes colorées posées en demi-reliefs, cette conquête toute récente et toute française, sera un des éléments qui couronneront nos efforts, en rendant enfin possible une décoration simple et complète (simple dans ses procédés, complète dans ses résultats) et qui ne sera pas seulement la peinture ou la sculpture appliquées sur l'argile, mais l'une et l'autre fondues ensemble dans une parfaite homogénéité.

La faïence ne tarde pas à tirer parti de l'idée des pâtes colorées jusqu'ici réservées à la porcelaine; Laurin crée, en collaboration de M. Chaplet, des couleurs plastiques riches de tons et d'un emploi très facile; l'ensemble de ces couleurs constitue le procédé qui fut désigné sous le nom de *barbotine*. Ce procédé de décoration sur cru eut un très grand succès tant que des artistes de valeur, tels que Mlle Escallier, M. Bracquemond, Mme Adolphe Moreau l'employèrent pour produire leurs belles œuvres; mais, quand des mains inconscientes de tout art et inhabiles abusèrent de la barbotine, trop facile d'emploi, pour ne plus produire que des pièces vulgaires et sans goût, ils la jetèrent dans une juste défaveur, et, malgré ses réelles qualités, la barbotine fut presque abandonnée.

Si plusieurs céramistes font de louables efforts, souvent couronnés de succès, pour rajeunir leur art et le faire progresser, beaucoup restent encore, malgré les avis du rapporteur de 1867, dans leurs anciens errements et continuent à fabriquer des copies et des pastiches des pièces anciennes. Aussi Dubouché, le rapporteur de 1878, croit-il devoir les avertir à nouveau, et, dans son style imagé, il écrit :

La décoration de ces pièces (nevers, rouen, moustier, japon et persan) est bien équilibrée, bien établie, fort bien entendue; mais que ces fabricants se hâtent de mettre à leur arc des cordes plus neuves; tout ce vieux renouveau, toute cette friperie du vieux temps passe de mode et tend à disparaître : gare aux indigestions, même de bonnes choses!

Et, plus loin, il ajoute :

Que ces intelligents décorateurs, que ces représentants vieillis des dates effacées prennent garde : cette répétition de cartels, cette copie monotone de formes toujours les mêmes et de sujets surannés nuiront et nuisent déjà à leur adorable industrie. Pourquoi ne pas suivre l'élan des aspirations nouvelles et si absolument décoratives?

Paroles très justes, mais qui ne seront pas encore entendues!

En effet, nous retrouvons en 1889 les mêmes pastiches, les mêmes reproductions des pièces de Rouen, de Nevers, de Moustier, de Delft, du Japon, de la Chine, de l'Italie, de Saxe, de Sèvres, etc.

Le rapporteur de cette Exposition, Jules Lœbnitz, ne fait pas de reproches directs aux fabricants de ces imitations qu'on ne cesse de blâmer depuis plus de vingt ans; il plaide pour eux les circonstances atténuantes et considère, non sans raison, comme les plus coupables en cette affaire les collectionneurs, les amateurs de vieux qui ne veulent à aucun prix d'une pièce moderne, quelles qu'en soient les qualités.

Une faïence moderne (dit-il) bien fabriquée et d'une réelle valeur artistique attire à peine les regards, encore moins les écus, tandis qu'un tesson ancien ou considéré comme tel est couvert d'or, malgré sa banalité.

Plus loin, il donne ce conseil prudent:

N'achetez pas une pièce de porcelaine, de faïence ou d'émail parce qu'elle est vieille, mais seulement parce qu'elle est belle et que sa vue réjouit. De cette façon, vous ne serez jamais trompés et nos excellents artistes industriels y trouveront leur compte. Ils seront ainsi encouragés à produire des œuvres plus complètes dans lesquelles leur talent, délivré de l'obligation de s'inspirer toujours des produits anciens, prendra un plus libre essor et pourra trouver la note vraie d'un art contemporain.

Bien que, par un chemin un peu détourné, le rapporteur de 1889 arrive aux mêmes conclusions que ses prédécesseurs; il condamne la déplorable manie des reproductions et copies, et il montre l'entrave qu'elle apporte au développement de l'art en céramique.

Heureusement qu'en avant de ces retardataires, qui ne vivent que du passé, marche toute une phalange d'artistes qui, par leur talent, leur conviction et leur persévérance, conduisent la céramique dans la voie du progrès et du beau. Ce sont : Krog, Deck, Pietro Krohn, Delaherche, Dammouse, Lœbnitz, Muller et tant d'autres dont les belles œuvres bien modernes furent si franchement appréciées du public connaisseur.

Mais le plus grand succès de la céramique en 1889 fut celui qu'elle remporta par sa participation à la décoration et à la construction des palais, restés célèbres, du Champ de Mars.

MM. Formigé, Dutert et Bouvard, ces éminents artistes, surent mettre en valeur toutes les ressources de formes et de couleurs que la céramique offre à l'architecture et donner à leurs superbes constructions, par l'association des terres cuites ou émaillées et du fer, un caractère nouveau et un aspect coloré plein de charme.

L'effet décoratif obtenu fut splendide, et Sédille résume en un mot l'impression générale qui fut ressentie alors quand il écrit : « L'Exposition de 1878 fut une première manifestation éclatante des terres cuites et émaillées ; l'Exposition de 1889 en a été l'apothéose. »

A partir de cette époque, l'usage de la céramique se répand dans les constructions les plus variées, y apportant sa note joyeuse.

Briques colorées dans la pâte, briques et tuiles recouvertes d'émaux de tons variés concourent à l'ornementation des édifices ; les terres cuites sont employées non seulement comme revêtements, mais encore comme partie constituante des bâtiments.

Cependant, quelques accidents survenus à la suite de gelées à des terres cuites jettent une certaine défaveur sur leur emploi comme matériaux de construction, et, bien que Lœbnitz, non sans raison, s'efforce dans son rapport de démontrer que ces accidents ne sont que des faits isolés et qu'ils ne sont dus qu'à une mauvaise fabrication, on cherche dans le grès-cérame une matière plus capable de résister aux intempéries de nos climats.

Le grès-cérame, s'il possède réellement l'imperméabilité aux liquides, qui le distingue des terres cuites, offrira certainement une très grande résistance aux injures du temps ; mais tous les matériaux présentés comme grès jouissent-ils de l'imperméabilité caractéristique de ce genre de céramique ?

Je crois qu'il est permis d'en douter. Là est un grave danger pour la bonne réputation de résistance qui revient de droit aux grès dignes de ce nom ; car ces pseudo-grès (non vitrifiés dans leur masse) pourraient bien présenter dans les constructions les mêmes accidents que les terres cuites et jeter sur les vrais grès un discrédit immérité.

Il est à souhaiter que ce fait n'arrive pas, car le grès bien fabriqué est, sans contredit, de tous les produits céramiques, celui qui convient le mieux, par sa grande résistance et par le charme spécial de ses couvertes colorées, à donner, avec le fer, à nos habiles artistes les éléments d'une architecture nouvelle.

Le sculpteur Carriès fut un des premiers à mettre en relief, par son talent, les qualités décoratives du grès-cérame, et le fragment de la porte décorée de masques, exécuté d'après ses modèles et exposé après sa mort, eut une grande influence sur l'évolution de la céramique.

Dès lors, on se rendit compte que le grès, dont on ne fabriquait plus que des tuyaux et des cruchons, méritait la place importante qu'il avait occupée dans les arts aux XV^e et XVI^e siècles en Europe et qu'il avait toujours gardée en Orient.

Sculpteurs, architectes, céramistes reviennent à cette belle matière pour exécuter leurs œuvres.

Le grès supplante la faïence dans les trop rares constructions de l'Exposition de 1900 où figure la céramique ; la frise des ouvriers de M. Guillot, la fontaine de M. Sandier, la frise des animaux de M. Jouve, la cheminée monumentale de Paul Sedille, la frise du Palais des beaux-arts de M. Joseph Blanc, le fragment d'architecture de M. Risler, etc., sont en grès, tandis que la terre cuite n'apparaît que dans la construction du beau pavillon de la Grèce, dû au talent de M. Magne, et dans la fontaine de Paul Sédille.

D'après ces exemples, on voit ce qu'on aurait été en droit d'attendre de la céramique si elle avait été appelée comme en 1889 à participer à la décoration des palais de l'Exposition de 1900 ; son succès, sans nul doute, eût été encore plus grand qu'alors.

La remise en faveur du grès pour la fabrication d'objets d'art n'a pas eu seulement une favorable influence sur la production des céramiques architecturales; elle a encore amené une transformation salutaire dans la manière de comprendre la décoration des vases destinés à orner nos habitations. Avec le grès, la simplicité de formes et de décors, dont on s'était tant écarté, surtout avec la porcelaine, s'impose.

Nombre d'artistes entrent dans la voie nouvelle; ils renoncent résolument aux documents plus ou moins archéologiques qui, pendant tout un siècle, ont tenu l'art en lisière, et ils prennent pour seul guide les trésors inépuisables toujours offerts par la nature.

Ils s'appuient pour leurs conceptions sur les vrais principes qui doivent conduire l'art décoratif moderne vers un brillant avenir. Ces principes, posés et adoptés par les hommes les plus éclairés, commandent que l'artiste soit l'esclave inspiré de la matière employée, qu'il lui donne les formes qu'elle exige et lui laisse tout son caractère, sans jamais ni la masquer, ni la déguiser et qu'il s'efforce de conserver à ses décorations la saveur propre à l'art de son pays, sans retomber dans les redites et les copies condamnées à jamais par tous les jurys qui se sont succédé depuis 1867.

Les céramistes qui ont conçu et exécuté leurs œuvres suivant ces principes rénovateurs ont vu le succès venir à eux, et leurs belles productions d'un style tout moderne ont largement contribué à mettre en lumière les réels progrès de l'art céramique à l'Exposition de 1900.

## TRAVAUX DU JURY.

Le Jury s'est réuni, pour la première fois, le 1er juin 1900, pour procéder à l'élection de son bureau; ont été élus :

*Président*, M. Alfred HACHE. — *Vice-président*, M. le professeur Piétro KROHN. — *Rapporteur*, M. Georges VOGT. — *Secrétaire*, M. Arthur METZ.

Les travaux du Jury ont commencé le 6 juin et se sont terminés le 6 juillet.

Dans la séance du 6 juin, le Jury établit le programme qui sera suivi dans l'examen des objets exposés, puis il adopte les trois décisions suivantes :

1° Les marchands, non fabricants, ne seront récompensés que pour les modèles qu'ils ont créés; 2° les produits portant de fausses marques ne seront pas examinés et les exposants de ces produits ne participeront pas aux récompenses; 3° les exposants concourront entre eux par catégorie, quelle que soit leur nationalité, en prenant pour base la classification adoptée par le Jury.

Puis le Jury dresse la liste des exposants hors concours en se conformant au règlement général qui dit, article 89, titre IX :

Seront mis hors concours, pour les récompenses, les exposants qui auront accepté les fonctions de juré, soit comme titulaires, soit comme suppléants.

Cette règle s'appliquera aux sociétés exposantes qui seraient représentées dans le Jury, soit par un administrateur, soit par un agent de quelque ordre que ce soit, faisant partie de leur personnel permanent.

Les administrations publiques concourront aux récompenses, alors même que les fonctions de juré auraient été attribuées à l'un de leurs fonctionnaires.

Les exposants mis hors concours par l'application de cet article, directement ou par la présence dans le Jury d'un intéressé à la maison, sont :

MM. Alfred HACHE et Cie, porcelaines (France). — Arthur METZ, céramiques de bâtiment (France). — GILARDONI frères, tuiles [par M. Metz] (France). — UNION CÉRAMIQUE ET CHAUFOURNIÈRE [par MM. Metz et Colas] (France). — BOULENGER et Cie, faïences (France). — SOCIÉTÉ DES PRODUITS CÉRAMIQUES DE BOULOGNE-SUR-MER, par M. Altazin (France). — SOCIÉTÉ DES FAÏENCES DE GIEN [par M. Loreau] (France). GUÉRIN et Cie, porcelaines (France). — FAURE, constructeur de machines (France). — FILLARD, COLAS et Cie, briques et tuiles [par M. Colas] (France). — FILLARD, construction de fours [par M. Colas] (France). — SOCIÉTÉ DE PARAY-LE-MONIAL, carrelages [par M. Boulenger] (France). — BAUDIN, céramique d'art (France). — GARDAIRE, peinture et décoration céramique (France). — BOCH frères, carrelages [par M. Nothomb] (France). — ÉCOLE GUÉRIN [par M. Guérin, juré de la Classe 4] (France). — MOREL et fils, céramiques de bâtiment [par M. Morel, juré de la Classe 28] (France). — SOCIÉTÉ DES TUILERIES DU BERRY [par M. Barthe, juré de la Classe 64] (France). — DAMOUR, fours à récupérateur (France). — HARANT et GUIGNARD, décorations céramiques [par M. Harant, juré de la Classe 73] (France). — RADOT (Émile), briques et tuiles, juré de la Classe 39 (France). — THESMAR, artiste émailleur, juré de la Classe 94 (France). — HASSLAUER (Mme Vve) et Cie, faïences fines [par M. Quentin, juré de la Classe 98 (France). — MÉRAN (Georges), grès et faïences, juré de la Classe 54 (France).



IMPRIMERIE NATIONALE.

— Bing et Grondahl, porcelaines [par M. Krohn] (Danemark). — Musée des arts décoratifs de Copenhague [par M. P. Krohn] (Danemark). — Manufactures impériales de porcelaines et de cristaux de Russie. — Fischer et Mieg, porcelaines [par M. Seiferheld] (Autriche). — Melhem, faïences diverses [par M. Guilleaume] (Allemagne), — Doulton et Cie, porcelaines, grès, faïences [par M. Farquhar] (Grande-Bretagne). — Zsolnay (Guillaume), porcelaines et faïences (Hongrie). — Fabrique de Rozenburg, porcelaines et faïences [par M. Juriaan Kok] (Pays-Bas). — Boch frères, faïences et grès [par M. Nothomb] (Belgique). — Dikran-Kélékian, poteries diverses, juré de la Classe 70 (Perse). — Société Hiochiyen, porcelaines [par M. N. Kawara] (Japon).

Les séances suivantes du Jury, auxquelles ont toujours présidé, je me plais à le constater, la plus grande courtoisie et la plus parfaite affabilité, ont été consacrées à l'examen attentif des objets exposés et à la classification des exposants par ordre de mérite.

Cette classification, délicate à faire, a été établie en prenant pour base la moyenne des votes exprimés en chiffres de 1 à 25, en toute conscience et en toute liberté par chacun des jurés de façon à bien reconnaître la valeur des œuvres sans aucune distinction du genre de fabrication ni de nationalité de l'exposant.

Pour mettre plus de clarté et de précision dans le compte rendu des récompenses décernées aux fabricants des divers genres de céramiques, nous les diviserons en cinq classes :

1° Porcelaines, peintures, émaux;

2° Grès, carrelages et revêtements;

3° Faïences fines et faïences stannifères;

4° Terres cuites, tuiles, briques;

5° Machines, outillage, fours. Matières premières. Couleurs vitrifiables.

Il se présentera, c'est à prévoir, quelques difficultés pour faire rentrer toutes les productions des arts céramiques dans cette classification, soit parce que le produit exposé n'appartiendra pas nettement à une des classes établies, soit parce que l'exposant sera tout à la fois fabricant d'objets se rattachant à plusieurs classes; dans ce dernier cas, nous ne signalerons l'exposant que dans la classe où se range sa fabrication la plus importante. Le rapporteur fera de son mieux pour lever ces légères difficultés, mais réussira-t-il toujours ?

Chaque chapitre consacré à une des classes qui viennent d'être déterminées ci-dessus sera précédé de quelques considérations générales relatives aux produits céramiques qui en feront le sujet, afin de les bien définir et d'éviter toute confusion sur les qualités qu'ils doivent présenter.

## CHAPITRE PREMIER.

### PORCELAINES. — PEINTURES. — ÉMAUX.

Les porcelaines, pour qu'elles méritent ce nom, doivent être blanches, translucides et vitrifiées dans leur masse.

Il résulte de ces qualités spécifiques des porcelaines qu'elles sont imperméables à l'eau et qu'elles résistent à l'action de la gelée, même sans être revêtues de couverte.

Trois variétés de poteries répondent à ces conditions, ce sont :

La porcelaine dure kaolinique et feldspathique;

La porcelaine tendre phosphatique ou anglaise;

La porcelaine tendre à fritte alcaline ou française.

La *porcelaine dure* est composée de kaolin, de feldspath et de quartz en proportions variables, elle cuit entre 1400 degrés et 1300 degrés suivant qu'elle contient plus ou moins de kaolin; sa couverte est un mélange de feldspath et de quartz quelquefois additionné de carbonate de chaux.

La *porcelaine tendre anglaise* est formée de kaolin, souvent d'argile plastique blanche, de feldspath, de quartz et de phosphate de chaux; ce phosphate de chaux, qui provient de la calcination d'os de mouton, entre pour 40 à 50 p. 100 dans cette porcelaine; sa cuisson se fait de 1100 à 1200 degrés. Sa glaçure est faite d'un verre alcalino-plombeux contenant de l'alumine et de l'acide borique.

La *porcelaine tendre française* est obtenue en mélangeant une fritte alcaline, c'est-à-dire un verre incomplètement affiné, qui entre pour 75 p. 100 dans sa composition, avec une marne blanche et de la craie. Sa cuisson s'opère vers 1100 degrés. Son émail est un verre alcalino-plombeux très analogue au flint-glass employé comme verre d'optique. Cette porcelaine, dans la pâte de laquelle il n'entre plus d'argile proprement dite, s'éloigne des vraies porcelaines et se rapproche des verres.

Une autre matière, qui est apparue à cette exposition, se rapproche encore plus des verres, c'est celle qu'on a nommée *pâte de verre;* elle tient à la céramique par le mode de façonnage qu'on lui applique et à la verrerie par la nature de la matière qui la compose.

La porcelaine tendre française, difficile et coûteuse à fabriquer, mais susceptible plus que toute autre d'être décorée des émaux les plus éclatants, n'était présentée, malgré son ancienne renommée, que par deux exposants.

La porcelaine tendre phosphatique, dont la fabrication se fait pour la majeure partie en Angleterre, ne figurait, elle aussi, qu'en fort petite quantité.

La majorité des porcelaines exposées étaient de la variété des pâtes dures kaoliniques. Dans ces porcelaines dures on distingue deux types bien tranchés : l'une, fabriquée en Europe, reçoit une couverte feldspathique; l'autre, fabriquée au Japon et en Chine, est revêtue d'une couverte feldspathique et calcaire.

Ces deux types de porcelaines ont des propriétés différentes; la porcelaine européenne, plus alumineuse, cuite à très haute température, est plus dure, moins rayable par l'acier et elle se prête fort bien à la fabrication des objets d'usage, tels que services de table, de café, etc., mais les procédés de décorations qu'on peut lui appliquer sont assez restreints; les porcelaines japonaises ou chinoises, qui cuisent à une température inférieure, sont moins aptes à fournir des pièces d'une aussi grande solidité, mais elles ont l'avantage de présenter à l'artiste des ressources décoratives très variées.

Cependant, bien qu'on sache par les études chimiques de MM. Ebelmen et Salvétat, de MM. Lauth et Vogt, de M. Seger et, en dernier lieu, de M. G. Vogt, et par les recherches physiques de M. Le Chatelier et ses collaborateurs, les causes qui font que les porcelaines d'Orient sont plus aptes à recevoir les décorations les plus brillantes et les plus diverses, peu de fabricants, peut-être aucun, hormis la manufacture de Sèvres et celle de Berlin, n'ont tenté de modifier leurs porcelaines pour arriver à les rendre identiques à celles des Orientaux.

Il semble cependant qu'il serait intéressant pour nos fabricants de pouvoir, comme le font les Chinois et les Japonais, décorer au feu de four leurs porcelaines de couvertes colorées, de couleurs sous couvertes, de couleurs entre deux couvertes, et au feu de moufles, d'émaux translucides et opaques, plutôt que de se contenter de l'emploi des pâtes colorées et des peintures au petit feu, comme on le fait depuis fort longtemps. Ils ont préféré s'orienter dans un autre sens; en effet, de récentes recherches ont permis d'appliquer de nouveaux genres de décoration à la porcelaine dure européenne sans en changer ni la composition ni le point de cuisson : ce sont ceux qu'on obtient par l'emploi des couleurs de grand feu posées sur ou sous couverte.

Ces couleurs nouvelles, sans être aussi brillantes que celles employées sur les porcelaines d'Orient, ont toutefois donné des résultats très remarquables qui transforment profondément l'aspect artistique des pâtes dures.

Le façonnage des porcelaines qui se faisait, il n'y a pas encore fort longtemps, surtout à la main, s'exécute maintenant presque exclusivement à l'aide des machines ou par le procédé du coulage.

Les machines se sont perfectionnées dans ces dernières années; dans le principe, elles ne servaient qu'à la fabrication des petites pièces, tasses, soucoupes, assiettes, aujourd'hui elles peuvent produire les plats ovales et pièces de grand creux, etc., en un mot, presque toutes les pièces que l'industrie réclame. Le coulage a aussi pris une grande extension; il se substitue même dans certains cas aux machines, depuis que l'usage du carbonate et du silicate de soude additionnés à la barbotine est venu faciliter et généraliser ce mode de façonnage.

Les procédés mécaniques de façonnage se sont même tellement développés qu'il devient très difficile de trouver un ouvrier tourneur capable de bien exécuter, avec le seul secours du tour et des mains, une pièce d'une certaine importance.

Le mode de cuisson s'est peu modifié dans ces dernières années; cette opération, qui occasionne une des grandes dépenses de la fabrication des porcelaines, continue presque partout à se faire dans des fours à flammes renversées, avec la houille comme combustible.

L'exemple donné dès 1871 par la Manufacture royale de Berlin, de cuire dans un four continu à chambres chauffées par un gazogène, mode de cuisson qui lui a valu à Vienne, en 1873, le diplôme d'honneur, n'a pas été suivi par l'industrie porcelainière; il n'est cependant pas douteux, d'après les résultats déjà obtenus, que ce genre de cuisson étudié avec soin amènerait une très grande économie de combustible.

La décoration industrielle, c'est-à-dire celle obtenue par report sur porcelaines de feuilles chromolithographiques portant les décors imprimés en couleurs céramiques, a pris un développement de plus en plus important et cela surtout depuis que le fabricant de porcelaines peut trouver à acheter à peu de frais des feuilles recouvertes des ornements polychromes les plus variés; il n'a qu'à les appliquer sur ses porcelaines et à les faire cuire en moufles pour transformer les pièces blanches en pièces décorées d'un aspect plus ou moins satisfaisant au point de vue artistique, mais que leur bas prix de revient rend d'une vente facile.

L'accroissement pris par le procédé d'impression a amené une plus grande production d'objets décorés à petit feu et a entraîné les fabricants à remplacer les anciennes moufles à feu intermittent, lentes et coûteuses, par des moufles à cuisson continue dont le triple avantage est de cuire rapidement, de donner des couleurs plus glacées et d'être plus économiques.

La décoration par impression à l'aide de chromolithographies sur porcelaines s'est peu à peu substituée à la peinture faite à la main, trouvée trop onéreuse par l'industriel, et par suite les artistes céramiques habiles sont devenus de plus en plus rares et cela au détriment de la production de pièces réellement artistiques.

Nous allons terminer ces considérations par quelques mots sur les émailleurs sur métaux que nous avons compris dans ce chapitre.

L'art de l'émaillerie sur métaux a fait de grands progrès, surtout dans le sens de la technique; non seulement nos émailleurs connaissent les tours de main des anciens maîtres, ils en ont inventé de nouveaux; ils fabriquent maintenant avec facilité des coffrets, des vases de formes les plus compliquées, des buires avec anse et bec, pièces qui auraient, autrefois, été considérées comme presque impossibles à exécuter; ils mettent en œuvre le guillochage, les paillons, et les noyant sous des émaux transparents aux vives couleurs ils en tirent les plus charmants effets. Ils emploient avec habileté, souvent avec art, les émaux incrustés, les émaux cloisonnés, les émaux sur relief, les émaux ajourés, la peinture en émail, la peinture sur émail, la peinture sous émail, en un mot toutes les ressources de leur art brillant et arrivent ainsi à créer les belles pièces que nous avons vues à l'Exposition.

Toutes les productions des émailleurs ne figuraient pas dans la Classe 72, c'est ainsi que ni la grande et belle collection des émaux japonais, ni les émaux suisses n'en faisaient partie. L'exposition des émailleurs français était elle-même morcelée; on rencontrait des émaux sur cuivre, sur or, dans d'autres classes, par exemple dans celles de la joaillerie, de l'orfèvrerie, de la bijouterie. Il serait à souhaiter qu'à l'avenir toutes les productions de cet art très intéressant fussent réunies en une seule et même classe, classe qui pourrait fort bien être toute autre que celle de la Céramique avec laquelle l'Émaillerie n'a, en réalité, qu'un rapport très éloigné.

## HORS CONCOURS.

### *M.* Hache *(Alfred) et Cie*, Vierzon (France).

M. Alfred Hache, président du Jury de la Céramique, mettait la maison Hache (Alfred) et Cie hors concours. Cette fabrique de porcelaine est une des plus anciennes du Berry; elle fut fondée par MM. Petri et Ronsse, puis reprise par M. Adolphe Hache qui, par son habileté de fabricant et d'administrateur, lui fit prendre rapidement un grand développement; dès 1855, ses produits se faisaient remarquer par les qualités de la pâte, de la couverte et leur bonne fabrication.

Cette fabrique, sous les raisons sociales Hache et Pépin Lehalleur, Hache et Pépin Lehalleur frères ensuite Hache, Julien et Cie, et aujourd'hui Hache (Alfred) et Cie, a constamment marché dans la voie du progrès, sachant mettre à profit tous les perfectionnements apportés à la fabrication par la mécanique et par la chimie.

Elle a été une des premières à installer dans ses ateliers une machine à imprimer les feuilles employées pour la décoration des porcelaines par la chromolithographie et par l'impression en taille-douce. Elle prépare elle-même ses différentes pâtes, tant les pâtes fines pour articles de luxe que les pâtes plus communes pour isolateurs de fils télégraphiques.

Les procédés de décoration les plus variés sont employés par MM. Hache et Cie, depuis les couleurs sous couverte et le bleu de grand feu, jusqu'aux peintures de petit feu pour lesquelles ils viennent récemment de monter une moufle à feu continu à sole mobile, réel progrès sur les anciennes moufles à feu intermittent.

Parmi les nombreux services de luxe, tous fabriqués avec une porcelaine d'un beau blanc, bien glacée et richement décorée, on remarquait un très joli service de table habilement composé par M. Camille Lefèvre.

L'exécution et la décoration de ce nouveau modèle, bien étudié, montre que la maison Hache et Cie continue à faire des efforts pour garder le rang mérité qu'elle occupe parmi les porcelainiers français, et on peut dire qu'elle y réussit pleinement.

---

### *M.* Guérin *(William) et Cie*, Limoges (France).

La maison William Guérin et Cie, bien que relativement de date récente, tient une place importante dans la fabrication limousine. Fondée en 1863, cette maison, qui ne s'occupait alors que de décoration, s'est transformée vers 1870, sous l'active direction de M. William Guérin, en fabrique de porcelaines. Elle prit un tel essor qu'en quelques années sa production fut quadruplée et, en 1885, elle faisait un chiffre d'affaires de plus de 1,500,000 francs. En 1889, MM William Guérin et Cie conquéraient par leur belle exposition un des premiers rangs parmi les fabricants de Limoges. Depuis, cette maison a considérablement accru sa production, et le nombre de ses fours, qui n'était que de 4 il y a quelques années, a été porté à 9.

La rapide prospérité de cette fabrique est due en grande partie à l'habileté de fabricant que possède

M. Guérin, mais surtout à sa grande compétence commerciale. Il a su s'ouvrir des débouchés qui s'étendent à toutes les parties du monde, ce qui le met autant que possible à l'abri des crises qui sévissent si facilement sur les maisons qui spécialisent trop les marchés où ils présentent leurs produits.

L'usine de MM. W. Guérin et Cie est une des premières, si ce n'est la première qui ait été éclairée par l'électricité à l'aide de la force produite par les chutes de la Vienne; elle est alimentée de pâtes composées avec les kaolins de Marsac et des Eyzies, préparées dans le moulin fort bien installé de Villebois-sur-Vienne.

Cette fabrique, bien disposée pour une bonne et rapide production, est pourvue de toutes les dispositions nécessaires pour observer les règles de l'hygiène dans le travail des ouvriers, conditions trop souvent négligées.

On remarquait, parmi les objets exposés, un service orné d'algues avec des tons vert clair, bleu et rosé obtenus par des couleurs de grand feu sous couverte; le plateau ovale de la soupière de ce service est à signaler comme une pièce de fabrication difficile, bien réussie; un service de table en porcelaine blanche dont les anses et les autres accessoires sont rehaussés de bleu de grand feu et d'ors. D'autres services décorés au feu de moufles de jolis bouquets de fleurs coquettement jetés sur les pièces, de nombreux vases ornés par les procédés les plus divers, souvent d'après des dessins très réussis dans le goût moderne, dus à un jeune artiste sorti de l'École de Sèvres, montrent que M. Guérin sait toujours diriger son importante fabrique dans la voie du progrès.

## *M.* Gardaire *(Joseph)*, Paris (France).

M. Gardaire est un des premiers parmi les décorateurs-céramistes qui se soient occupés de la décoration industrielle des porcelaines et des faïences. Il a succédé à M. Provost qui avait fondé peu de temps après l'année 1855 un atelier d'impression de chromolithographie en couleurs vitrifiables.

Son exposition se composait d'assiettes et de pièces variées décorées au feu de moufles par divers procédés, elle contenait en outre un album de chromolithographies renfermant les échantillons des modèles qu'il peut fournir aux fabricants de porcelaines ou de faïences pour la décoration rapide et économique de leurs produits par les procédés de l'impression.

## *M.* Thesmar *(Fernand)*, Neuilly-sur-Seine (France).

M. Thesmar, hors concours dans la Classe de céramique, comme juré titulaire de l'orfèvrerie, est un artiste de mérite qui consacre son talent à une branche toute spéciale de l'art de l'émailleur.

Dans les espaces laissés libres entre des fils d'or qu'il contourne et dispose, suivant les dessins de ses belles compositions, il place des émaux transparents des plus suaves couleurs, harmonieusement assemblées et forme ainsi, suivant de jolis profils, des tasses, des coupes, des jattes, d'une technique qui surprend et d'un aspect artistique qui charme. Ces pièces, complètement transparentes, ne sont constituées que par les émaux qui en forment le décor et par le réseau d'or qui en fixe le dessin.

M. Thesmar rentre plus directement dans la céramique, quand il applique son art et son joli procédé d'émaux cloisonnés à la décoration de la pâte tendre ou du grès; alors les émaux reposent sur la matière céramique, retenus par les filigranes d'or, et l'épaisseur qu'ils peuvent atteindre ajoute à l'intensité et au chatoyant de leurs couleurs.

De fort belles pièces en porcelaine tendre et en grès, ainsi décorées par M. Thesmar, figuraient dans sa vitrine et dans celles de la Manufacture nationale de Sèvres.

### *École normale de l'enseignement du dessin,* rue Vavin, Paris (France).

L'École normale de l'enseignement du dessin est hors concours à cause de la présence, dans le Jury de l'enseignement spécial artistique, de son directeur M. Guérin (Alphonse). C'est une des rares écoles qui aient exposé dans la Classe de la céramique.

On trouvait dans cette exposition de nombreuses études de formes et de décors de vases, cheminées, dallages, revêtements, etc., faits avec un goût charmant et dans une direction vraiment nouvelle.

Bon nombre de ces projets avaient la double qualité, qu'on ne rencontre que très rarement, d'être tout à la fois d'un bel aspect décoratif et bien étudiés pour la matière avec laquelle ils doivent être exécutés.

Du reste, l'éloge de l'école de la rue Vavin n'est plus à faire; beaucoup de ses élèves ont déjà rendu de grands services aux arts industriels.

---

### *MM. Harant et Guignard,* Paris (France).

MM. Harant et Guignard, mis hors concours par la présence de M. Harant dans le Jury de la Classe des cristaux et verrerie, sont des marchands qui savent créer des modèles. Ils sont de ceux dont le rapporteur du Jury de 1889 disait : «Les marchands donnent souvent un concours précieux aux manufactures en leur signalant les modèles et les décors qui répondent le mieux au goût et aux besoins des acheteurs. Leurs conseils sont d'une réelle valeur et ont été souvent l'occasion de progrès importants réalisés dans l'industrie céramique.»

On remarquait, dans leur exposition, un joli service de table d'un modèle créé par leur maison, des peintures de M. Faugeron sur pâte tendre, des émaux cloisonnés de M. Sieffert sur pâte tendre.

Ces pièces, bien composées et habilement exécutées, sont en général d'un bel aspect, mais pour quelques-unes d'entre elles on aimerait à voir dans leur décoration une tendance plus hardie vers les conceptions artistiques modernes.

---

### *MM. Bing et Groendahl,* Copenhague, et *Musée des arts décoratifs,* Copenhague (Danemark).

M. Pietro Krohn, directeur du Musée des arts décoratifs et membre du Conseil d'administration de la Société anonyme Bing et Groendahl, met hors concours ces deux établissements par sa présence dans le Jury de la céramique.

Les porcelaines de la manufacture Bing et Grœndahl sont belles de pâte et de couverte, bien fabriquées; mais, elles se distinguent surtout, par leur aspect d'ensemble où l'on sent une volonté artistique très arrêtée de remplacer par un style sévère et énergique le style coquet et mièvre où se complaisent encore la plupart des porcelainiers.

La manufacture Bing et Grœndahl semblait jusqu'à ces dernières années prendre la Manufacture royale de Copenhague comme modèle, cependant depuis qu'elle s'est attachée, comme directeur d'art, un artiste énergique et convaincu, le peintre I.-F. Willumsen, elle est entrée dans une voie toute nouvelle et bien personnelle qui l'a conduite au succès.

Les porcelaines de MM. Bing et Grœndahl surprennent au premier coup d'œil; mais, en les étudiant, on y trouve une valeur artistique, une énergie, une force, même une brutalité qui attirent l'attention et souvent imposent l'admiration.

M. Willumsen, bien secondé par les habiles techniciens MM. Holm et Hallin, entouré de jeunes artistes des deux sexes d'un talent réel et tout disposés à travailler sous sa direction, est parvenu, en moins de trois ans, à transformer la physionomie artistique de cette manufacture.

Parmi les nombreux objets exposés et dignes de remarque, citons : la belle figure symbolique *la Civilisation victorieuse*, de M. A. Locher, le charmant buste de M. Siegfried Wagner, une jolie mouette ronde-bosse finement colorée au grand feu par des procédés techniques fort simples; puis une série de vases, tous décorés au grand feu de fleurs en relief souvent très habilement ajourées suivant le contour de ces fleurs; des urnes cinéraires simples et graves de coloris et de forme; une belle jardinière sobrement décorée d'ornements bleu clair et vert profond.

La dorure est systématiquement exclue de toutes ces porcelaines.

A côté de ces vases décorés de reliefs rehaussés de couleurs au grand feu, on remarquait de jolies cristallisations de tons légers rose et verdâtre et toute une vitrine remplie de vases ornés d'émaux posés en gouttes épaisses suivant des décors d'un genre tout personnel dus à M. Petersen ; parmi ces pièces se trouvait un vase orné d'anses formés de deux jeunes coqs campés fièrement l'un devant l'autre, comme prêts au combat, qui était absolument remarquable.

Le Musée des arts décoratifs présentait comme productions céramiques de beaux plats très bien décorés, de jolies statuettes, et des grès ornés avec art et simplicité, dont l'ensemble et la nouveauté ont été fort remarqués,

---

## *Manufacture impériale de Saint-Pétersbourg* (Russie).

La Manufacture impériale de porcelaine a été fondée en 1744 par le baron Yvan Antinovitch et agrandie en 1765 sous le ministère de I.-A. Olsoulieff.

Dès 1825, on fabriquait dans cette manufacture des vases de dimensions colossales, et ses produits ont, depuis fort longtemps, toutes les perfections de blancheur et finesse de pâte, de bon façonnage, de glacé dans la couverte, qu'on puisse désirer.

Les beaux vases décorés de bleu de grand feu, de pâtes rapportées sur lesquelles s'enlève en camée une gracieuse silhouette de femme, un autre vase gris verdâtre représentant des flots d'où émerge le corps blanc d'une naïade, le plat sur lequel est peint le portrait de Catherine II en grisailles, sont de belles œuvres, mais elles sont insuffisantes pour donner une idée exacte de la puissance artistique et technique de la Manufacture impériale de Saint-Pétersbourg.

---

## *MM. Fischer et Mieg,* Pirkenhammer (Autriche).

La Fabrique Fischer et Mieg est mise hors concours par la présence, dans le Jury, d'un de ses administrateurs, M. O. Seiferheld.

Cette manufacture, située à Pirkinhammer, près de Carlsbad, est une des plus importantes de la Bohême; elle fut fondée en 1807 par M. Christian Fischer, puis administrée par M. Rudolph Fischer, fils de Christian, et par M. L. Mieg, son gendre.

Les chefs actuels sont MM. O. Seiferheld et Mieg, gendre et fils de L. Mieg.

La porcelaine dure constitue la principale fabrication de cette maison qui produit surtout des services de table, des objets de toilette, la plupart richement décorés. Cette maison prépare sa pâte unique et sa couverte dans l'usine même. La création des modèles, des décors, les recherches de procédés de peinture sur ou sous couvertes sont confiés, ainsi que l'instruction des élèves et apprentis, à notre habile compatriote M. A. Carrier.

Bien que continuant la fabrication des anciens types toujours très demandés, la maison Fischer et Mieg entre néanmoins dans la voie des décorations de style moderne.

Les décors, qui étaient autrefois presque exclusivement peints au feu de moufles, par des artistes étrangers à la fabrique, sont aujourd'hui exécutés la plupart sous couverte au grand feu de four par des procédés simples et pratiques et ils sont entièrement faits par des artistes attachés à la maison.

La pâte à porcelaine de Pirkenhammer présente une plasticité telle qu'elle peut être modelée directement à la main; plusieurs pièces ainsi faites figuraient à l'Exposition.

Tous les objets décorés au grand feu sont cuits en même temps que les pièces courantes, dans les fours chauffés avec les bois résineux et les lignites qu'on trouve en abondance dans le pays. Dix fours sont en activité à l'usine de Pirkenhammer.

L'administration de cette manufacture a toujours cherché à augmenter le bien-être de ses employés en créant des caisses de secours, de retraites, d'aide dans le cas de maladie et d'infirmités; aussi n'y a-t-il eu jusqu'ici aucune grève à Pirkenhammer.

Parmi les pièces présentées, peut-être un peu trop serrées sur les gradins de l'exposition, se trouvaient de fort beaux services de table bien décorés de couleurs de grand feu, de tons très francs, tels que vert, vert bleu, rose, et un joli brun velouté; sur toutes les pièces, les décors de fleurs et d'animaux sont bien ordonnancés et bien exécutés. Des vases brillants de couleur et beaux de forme, entre lesquels on remarquait une jolie pièce ornée d'un combat de geais peints sous couverte, complétaient cette très intéressante exposition.

---

### *Fabrique de porcelaines et de faïences « Rozenburg »*, la Haye (Pays-Bas).

M. Jurriaan-Kok, directeur de la manufacture de porcelaine Rozenburg, met, par sa présence dans le Jury, cet établissement hors concours.

Cette fabrique est la seule, parmi celles des Pays-Bas, qui ait exposé des porcelaines en même temps que des faïences. Celles-ci, de formes agréables, sont généralement décorées de fleurs ornementales peintes sous émail en couleurs vives de tons, s'enlevant sur des fonds brun foncé ou même noir. Toutes ces pièces, d'un caractère bien particulier à la Hollande, sont exécutées avec une perfection qui prouve l'habileté des artistes de cette manufacture.

Néanmoins, ce n'est pas par ses faïences que Rosenburg se fait surtout remarquer, mais bien par ses porcelaines d'une technique et d'une décoration tout à fait spéciales.

M. Jurriaan-Kok a tout récemment introduit à Rozenburg la fabrication de cette porcelaine. Les pièces sont d'une minceur telle qu'il semble impossible qu'elles soient obtenues autrement que par le procédé du coulage; leur légèreté excessive fait qu'on est surpris quand on les touche et que l'on craint de les briser. Les formes très originales de ces porcelaines sont étudiées avec soin; leurs décorations, faites d'oiseaux et de fleurs, enveloppent avec art les pièces qu'elles viennent enrichir.

Les couleurs où le jaune, le vert clair et le violet dominent, sont posées par traits placés les uns à côté des autres, nulle part par à plats. Ce genre de décoration, qui se fait sans doute sous émail de moufle, donne un aspect spécial aux porcelaines de Rozenburg.

Une quantité de services à café et à thé, tous variés et cependant tous conçus dans le même esprit, constitue un ensemble des plus attrayants.

Depuis la fermeture de l'Exposition, la manufacture de Rozenburg a reçu de la reine de Hollande le titre de Manufacture royale.

---

### *Hiô-Chi-Yen*, Tokio (Japon).

La Société Hiô-Chi-Yen était mise hors concours par M. Kawara Noritatsou, membre du Jury de la Classe de la céramique. M. Kawara avait déjà été membre du Jury à l'Exposition de 1878; sa maison avait aussi exposé en 1889.

Cette fréquentation répétée de la France a, peu à peu, entraîné cette fabrique à quitter le genre japonais et à produire des pièces dans le goût européen. La pâte de cette fabrique est de belle qualité; les pièces très bien exécutées atteignent souvent de grandes dimensions.

Les objets les plus variés comme formes et décorations figuraient dans l'exposition de la société Hiô-Chi-Yen; à signaler un vase en bleu de four, décoré du sujet bien connu du poisson remontant les flots d'un torrent; une grande caisse ornée de fleurs en reliefs; un vase revêtu d'un fond rouge de moufle sur lequel s'enlèvent des fleurs en émail; de jolis vases à fonds jaunes, des potiches sur lesquelles s'enroulent des personnages sans nombre; un charmant paravent fait de plaques de porcelaines ornées de canards très habilement dessinés et peints; puis, quelques grès intéressants sur le fond gris desquels s'enlèvent des décors blancs et noirs.

La société Hiô-Chi-Yen est une des plus importantes de Tokio et M. Kawara, son directeur, était administrateur de l'Union centrale des sociétés des exposants du Japon à l'Exposition universelle de 1900.

## GRANDS PRIX.

### *Manufacture nationale de porcelaine de Sèvres* (France).

La Manufacture nationale de Sèvres s'est montrée, sous un jour tout nouveau; rompant entièrement avec son glorieux passé, elle n'a présenté aucune forme, aucune sculpture vues dans une exposition antérieure.

Cet abandon par Sèvres de tout ce qui avait fait son renom pouvait paraître téméraire, le succès obtenu prouve qu'en prenant cette hardie détermination l'administrateur et les directeurs de la Manufacture nationale ne se sont pas trompés.

La transformation de la manière de comprendre la porcelaine et sa décoration n'a pas été l'œuvre d'un jour; elle s'est faite peu à peu, et beaucoup par l'influence des modifications des procédés apportées dans la technique.

L'apparition, en 1855, des pâtes colorées portait le premier coup aux anciennes peintures de moufles; puis, en 1882, la pâte nouvelle de MM. Ch. Lauth et G. Vogt, qui met à la disposition des artistes tous les procédés de décoration des Orientaux, permit de renoncer aux anciens cartels ornés de peintures de figures ou de paysages, entourés de guirlandes de fleurs et de remplacer ce genre qui caractérisait les productions de Sèvres depuis plus d'un siècle par des décors en émaux brillants d'un aspect tout nouveau.

Enfin, la création récente de palettes de couleurs employables sur ou sous couverte au feu de four amène les artistes à renoncer complètement à l'ancienne peinture modelée à l'excès, et à chercher plutôt leurs effets dans les grandes lignes de la composition que dans le fini du détail.

La simplification de la décoration entraîne en même temps celle des formes; les vases cessent d'être composés de morceaux reliés entre eux par du bronze, ils sortent d'une seule pièce et tout décorés du four.

Cette transformation totale de la façon de comprendre la décoration de la porcelaine est aujourd'hui un fait accompli.

Les artistes de Sèvres, guidés par le goût sûr de leur directeur d'art, M. Sandier, sont entrés avec assurance dans une voie nouvelle qui les a conduits au succès.

La porcelaine dure à couverte feldspathique, la porcelaine dure à couverte calcaire, la porcelaine tendre à fritte et le grès, cette matière si voisine de la porcelaine, figuraient parmi les objets exposés par la Manufacture nationale de Sèvres.

La pâte dure ancienne, celle de Brongniart, était représentée par un grand vase blanc sans décors, de près de deux mètres de haut; ce vase, par sa parfaite exécution, a attiré l'attention de tous les fabricants; par un grand vase hexagonal décoré de soleils et d'épis en pâtes colorées; par un magnifique vase orné d'une belle composition représentant le combat d'un aigle et d'un serpent peint en couleurs sous couverte de grand feu; par d'autres vases de formes variées, décorés l'un de vigne vierge d'un rouge de grand feu passant insensiblement au vert, les autres de chrysanthèmes jaunes, de pavots, de boules de neige, etc. Des pièces de service fabriquées aussi avec cette pâte, décorées de fleurs de notre pays stylisées avec goût, peints à l'aide de couleurs sur couverte de grand feu, formaient un bel ensemble d'un aspect brillant.

Toutes ces porcelaines en ancienne pâte dure décorée au grand feu montraient par leur éclat qu'on s'était trompé en affirmant que la pâte dure était indécorable.

Les nombreux biscuits, que Sèvres expose, sont fabriqués avec la pâte dure nouvelle qui, par sa teinte ambrée, leur communique un ton des plus délicats.

Il suffit de citer les noms des sculpteurs qui ont bien voulu prêter le concours de leur talent à Sèvres, pour donner une idée de la valeur des groupes et des statuettes exposées par la Manufacture; ce sont M. E. Fremiet avec son superbe et classique surtout de table; M. Alfred Boucher avec la *Faneuse* et la *Femme couchée;* M. Léonard avec le surtout de table, dit *le Jeu de l'Écharpe,* composé de quinze élégantes figurines dont l'ensemble gracieux et charmant a eu un si grand et si légitime succès; M. Gardet, avec son cerf forcé, ses chiens, ses perruches, ses souris; M. Larche, avec le groupe *la Prairie et le Ruisseau* et sa jolie *Fontaine applique;* M. Aubé, avec son surtout, *les Baigneuses;* M. Joseph Chéret, avec ses *Enfants traînant des paniers.*

Ce sont encore MM. Barrias, Félix Charpentier, Deloye, Desbois, Paul Dubois, Houssin, Michel, Peter, Rivière, Sucuetet, Valton, etc., avec des œuvres pleines de grâce et d'élégance qui ne le cèdent en rien à celles du xviii$^{e}$ siècle. — Sèvres semblait condamné à reproduire indéfiniment ses anciens biscuits, faute de nouveaux modèles, disait-on, on voit combien cette assertion était fausse.

La Manufacture, pour établir qu'elle est bien maîtresse de la fabrication des couvertes cristallisées, les présentait sur les plus grands vases qui aient été fabriqués d'une seule pièce; ces nouvelles couvertes ont été très goûtées, les effets qu'elles produisent sont charmants et imprévus. Des artistes ont été jusqu'à préférer une belle forme simplement revêtue d'une de ces couvertes à cristallisations au vase le mieux décoré; cette opinion peut encore être défendable, quand il s'agit d'une petite pièce de vitrine, mais je crois qu'elle ne l'est plus pour un grand vase dans lequel il est nécessaire de sentir la volonté de l'artiste, aussi bien dans la décoration que dans la forme. Cette observation est générale; elle s'applique à toutes les pièces revêtues de couvertes rouges, flambées, couvertes à coulures glacées ou mates qui se trouvent sur un grand nombre de pièces en pâte dure nouvelle. Des vases en pâte dure nouvelle, comme ceux ornés de rhododendrons, d'angéliques ou de feuilles de marronniers, obtenus par la juxtaposition de couvertes colorées, sont certainement d'un effet plus intéressant que ces pièces à couverte cristallisée et ils ont l'avantage de faire tout à la fois honneur à l'artiste et au fabricant.

Sèvres présentait aussi en pâte dure nouvelle des pièces importantes décorées à l'aide de pâtes colorées, par exemple la reproduction de la frise du palais des Beaux-Arts, d'après les dessins de M. J. Blanc, le vase des cités provençales et les nombreux vases ornés de glycine, de gui, de boules de neige, de figures allégoriques, de médaillons d'après de très belles compositions. D'autres vases en porcelaine dure nouvelle étaient décorés de couleurs de grand feu sous couverte; nous citerons dans ce genre le beau vase aux cygnes, placé à l'entrée des salles d'exposition de la Manufacture nationale.

La pâte dure nouvelle peut être revêtue d'émaux cuits au feu de mouffles, c'est même cette qualité spéciale qui l'identifie avec les porcelaines orientales et lui donne son caractère propre; un certain nombre de pièces représentait cette technique à l'Exposition, mais les émaux au lieu d'être placés sur des couvertes plombeuses, comme on le faisait antérieurement à Sèvres, sont maintenant posés au feu de moufles sur des couvertes de grand feu, suivant la pratique des Orientaux; les vases et objets divers, ainsi décorés suivant de jolies compositions inspirées de notre flore, ne le cédaient en rien aux plus belles productions de l'Orient.

La Manufacture de Sèvres a repris dans ces dernières années la fabrication de la porcelaine tendre qui, à son origine, avait fait sa renommée; cette fabrication a été reconstituée d'après les recettes contenues dans les registres de 1753 et l'étude chimique d'une pâte crue datant du XVIIIe siècle. Dans une vitrine spéciale, sur laquelle l'attention était attirée autant par la vivacité des couleurs que par l'ordonnance des décors, était exposée toute une série de pièces en pâte tendre qui, loin d'être des copies des anciennes productions de Sèvres, se faisaient remarquer par la nouveauté de leurs formes et par l'originalité de leurs décors conçus dans le style moderne. On retrouvait dans cette vitrine à côté de nuances nouvelles telles que le jaune soufre, le vert camélia, le rose jaune, tous les anciens tons turquoise, rose, rubis, aubergine et bleu, qui firent au XVIIIe siècle le succès de Vincennes et de Sèvres.

La Manufacture présentait cette année, outre ses diverses porcelaines, des objets en grès-cérame.

La fabrication du grès a été entreprise dans le but de produire des matériaux destinés à la construction et à la décoration des édifices. Aussi, bien que l'on trouvât dans les salles de Sèvres des objets divers en grès, tels que: pièces de sculptures, socles, piédestaux, sièges, vases décorés ou simplement revêtus de couvertes cristallisées, glacées, mates, flambées ou rouges, les grès les plus importants étaient-ils ceux destinés à l'ornementation architecturale.

La Manufacture de Sèvres avait formé le projet d'édifier entièrement en grès coloré un pavillon destiné à contenir son exposition; elle n'a pu, pour des motifs indépendants de sa volonté, en réaliser l'exécution et elle n'en exposait qu'une partie dans l'avenue des Invalides. Ce pavillon, étudié par M. Rissler, architecte, orné de sculptures de M. Coutan, aurait sans nul doute été d'un aspect très remarquable; il est à regretter que nous n'ayons pas pu le juger dans son ensemble.

Sèvres exposait en outre trois autres spécimens de grès appliqué à l'architecture : d'abord une fontaine monumentale, faite d'après le projet de M. Sandier; cette fontaine, d'une composition charmante, d'un ton frais et clair, ornée de sculptures de M. Boucher, produisait un ravissant effet parmi les verdures des Champs-Élysées; puis une cheminée monumentale de M. Sédille, décoré de figures dues au sculpteur Allar; et enfin une frise polychrome en deux parties de 45 mètres de long, placée sur la facade du palais des Beaux-Arts sur l'avenue d'Antin, exécutée d'après les cartons de M. J. Blanc, par les sculpteurs MM. Baralis, Fagel et Sicard.

L'ensemble de ces belles productions de décors variés et de fabrications diverses a été vivement admiré et a obtenu un franc et légitime succès; succès que le Jury a consacré en accordant à la Manufacture nationale de Sèvres le premier grand prix et en lui votant, sur la proposition de son vice-président M. Pietro-Krohn, des félicitations pour sa belle et artistique exposition.

---

## *Manufacture royale de Copenhague* (Danemark).

La Manufacture royale de Copenhague démontre par sa très belle exposition qu'un fabricant, malgré les soucis d'une production industrielle courante, peut parvenir à créer des pièces de l'art le plus parfait.

La Manufacture de Copenhague a une pâte et une couverte de belles qualités, mais non supérieures à celles d'autres fabriques, ses procédés de décoration au grand feu sont relativement restreints, trois ou quatre couleurs composent toute sa palette de grand feu, et néanmoins elle sait produire ces porcelaines absolument remarquables qui, dès leur apparition en 1889, ont excité une admiration générale. Ce succès très mérité date du jour où l'habile administrateur, M. Philippe Schou, a mis à la tête des ateliers de décoration M. Krog, artiste d'un talent fin et original.

M. Krog, tout dévoué à son art, bien secondé par M. Engelhardt pour la technique et la chimie, n'a cessé depuis 1889 de faire progresser la Manufacture royale dans la voie du beau; aussi les porcelaines de Copenhague, par leurs formes et leurs décors, se placent-elles incontestablement parmi les plus belles qui aient figuré à l'Exposition de 1900.

Dans la vitrine centrale de cette exposition, on remarquait une série de vases et de plats composés et exécutés par les artistes de la Manufacture, quelques-uns par M. Krog lui-même; tous se distinguent par la douceur et l'harmonie des couleurs, la précision du dessin et l'habileté surprenante qui préside à l'emploi si difficile des couleurs sous couverte. Toutes ces pièces, véritables objets d'art, signées par leurs auteurs, sont uniques, elles ne sont jamais reproduites, ce qui en augmente encore la valeur.

A signaler aussi dans cette vitrine un vase d'un bleu magnifique, des animaux tels que chat, fouine et ours, jolis d'allure et remarquables par leurs diverses couleurs, toutes employées sous couvertes.

Parmi un grand choix de services de table, plus ou moins riches, d'un genre dénommé «bleue cannelée», type de l'ancienne fabrication de la Manufacture royale, se trouvait un superbe service dû à M. Krog. Les formes simples et élégantes de ce service sont admirablement comprises pour la porcelaine; les boutons et les anses formés par des bourdons et des libellules, nuancés de gris et de brun, sont d'un très bel effet décoratif; des marguerites, légèrement gravées dans la pâte, apparaissent en blanc sur le fond délicatement teinté de gris, et complètent de la façon la plus agréable ces gracieuses pièces.

Un peu plus loin, on voyait un autre service d'un joli modèle décoré sous couverte d'algues, de crabes et de poissons, qui mérite d'être signalé.

Les porcelaines dues plus spécialement au chimiste M. Engelhardt étaient réunies dans une vitrine séparée; là se trouvaient de belles couvertes flammées, des cristallisées de tons divers : blanc pur, bleu, bleu vert et brun doré; on y remarquait aussi un très beau cendrier orné d'une libellule, et surtout un crabe sculpté émaillé de rose et vert clair, d'une richesse étonnante de tons. De plus, M. Engelhardt exposait une couverte d'un aspect tout nouveau, présentant sur un fond brun toutes les irisations dorées de la pierre précieuse connue sous le nom d'*œil de chat*.

Je ne quitterai pas la superbe exposition de la Manufacture royale de Copenhague sans signaler une particularité technique de cette fabrique; ses fours sont à trois étages et les foyers ou alandiers se trouvent à l'étage supérieur, de sorte que les flammes traversent les trois laboratoires superposés, appelées de haut en bas par une cheminée située à proximité du four; pendant les cuissons le tirage est, en de nombreux points du four, soigneusement surveillé par des manomètres différentiels; ce soin apporté à la conduite des fours doit largement contribuer à la bonne réussite des belles porcelaines de cette manufacture.

De 1889 à 1900, la Manufacture de Copenhague a fait de réels progrès et tout fait prévoir qu'elle continuera.

---

## *Manufacture royale de Berlin* (Allemagne).

La Manufacture royale de Berlin fut fondée en 1750 par W. C. Wegely, reprise en 1761 par J. E. Gotzkowski et achetée en 1763 par Frédéric II. Sous l'impulsion royale, elle prit un rapide développement; depuis, elle est restée manufacture d'État et a été exploitée dans des directions diverses. Elle s'adonna d'abord au genre rococo de Meissen, puis au genre antique jusque vers 1841; de 1850 à 1863, elle entre dans le genre renaissance et reproduit des peintures italiennes. La période de 1863 à 1881 est marquée par une grande indécision sur la voie à suivre, si bien que son existence, comme établissement d'État, fut fortement menacée; cependant son maintien fut voté et de grands efforts furent faits pour redonner à la Manufacture royale son ancien éclat. Mais ce n'est que sous l'habile direction actuelle de M. Heinecke pour la fabrication générale, de M. Kips pour la partie artistique et de M. Barenthin pour la partie administrative, que la Manufacture de Berlin prend le nouvel essor qui fut constaté d'abord à l'exposition de Munich en 1888, puis à celle de Chicago en 1893.

L'exposition de la Manufacture de Berlin, présentée avec goût, était composée de nombreux objets très richement décorés, tels que : vases, potiches, figurines, pendules, cache-pots, coupes à fleurs et à fruits, surtouts de table, lustres, candélabres, bonbonnières, services de table, à dessert, à thé, décorés au feu de moufles de couleurs très bien glacées et de riches dorures très bien exécutées.

En entrant dans la salle des produits de Berlin, l'attention du visiteur était tout d'abord attirée par la grande peinture murale sur carreaux de porcelaine qui couvrait presque tout le fond de l'espace réservé à la Manufacture royale. Cette peinture, composée par M. le professeur Kips, très habilement exécutée sur porcelaine avec des couleurs posées entre deux couvertes, représentait la lutte à laquelle se livrent les hommes pour atteindre la flamme qu'une déesse porte dans une coupe qu'elle élève vers le ciel.

Comme céramique, ce grand panneau est admirablement réussi; au point de vue artistique, on pourrait peut-être lui reprocher d'être d'un ton brun jaune un peu uniforme; du reste, cette légère critique pourrait s'appliquer à l'aspect général de l'exposition de Berlin, qui, dans son ensemble, paraît enveloppée de ce ton jaunâtre.

Au-dessous et au milieu de cette peinture murale, s'élevait une fontaine ornementale due au sculpteur, M. Schley. La fabrication de cette pièce monumentale, composée de figures presque de grandeur nature supportant une grande vasque, était une grosse difficulté à vaincre. Les carreaux encadrant cette belle fontaine, décorés d'iris et de roseaux, étaient fabriqués en une porcelaine spéciale sur laquelle pouvaient s'appliquer des émaux turquoise et violet d'un éclat comparable à ceux qu'on n'obtient généralement que sur la porcelaine tendre à fritte.

Un grand vase bleu orné de guirlandes de fleurs, d'attributs de jardinage, d'enfants en haut relief; un vase d'un ton verdâtre décoré de sculptures; une cheminée monumentale; le groupe colossal composé de trois figures supportant une jardinière, sont autant d'exemples de la grande habileté technique de la Manufacture de Berlin. Le ton légèrement bis de ces pièces semble indiquer que les pâtes dont elles sont fabriquées contiennent, pour en augmenter la plasticité, une certaine quantité d'argile.

A côté de ces pièces monumentales, Berlin exposait, outre quelques reproductions de beaux modèles du XVIIIe siècle fort bien peints, toute une série d'objets conçus d'après les idées modernes; citons parmi ceux-ci: les vases sculptés de Frantz Metzner, qui tournent peut-être un peu trop au macabre; ceux, décorés en relief de feuilles et fruits de marronniers, d'orchidées et d'autres fleurs: un superbe plat revêtu d'une belle couverte verdâtre transparente de laquelle émerge une anguille fort bien colorée et aussi de jolies statuettes modelées par M. Klimsch et d'autres sculpteurs habiles.

Dans cette remarquable exposition se trouvaient encore de beaux rouges de cuivre, des couvertes colorées, des couvertes flammées à coulures de tons variés et de fort belles couvertes à cristallisations.

Ces cristallisations de tons divers, exposées par la Manufacture de Berlin, ont un aspect, un charme tout spécial; on sent, au premier coup d'œil, qu'elles sont obtenues avec une autre matière que celles de Copenhague ou de Sèvres; les cristaux sur les pièces de Berlin sont d'une autre forme et ont un éclat tout différent.

Outre toutes les productions de porcelaines artistiques exposées aux Invalides, la Manufacture royale montrait au Champ de Mars dans une autre classe des appareils pour l'industrie chimique, de formes compliquées et de très grandes dimensions, exécutés avec une perfection vraiment étonnante.

Actuellement, le but principal de la Manufacture royale est d'activer l'essor des arts céramiques en Prusse, son rôle est moins de cultiver les anciennes traditions que de chercher des innovations; aussi le Gouvernement a-t-il mis à sa disposition des moyens d'action considérables pour la solution des divers problèmes de l'industrie céramique au double point de vue de la technique et de l'art, tels que laboratoires de recherches et écoles pour former des peintres et sculpteurs.

L'application d'un four continu à la cuisson de la porcelaine, l'étude de pâtes diverses ayant des propriétés spéciales pour la décoration ou pour la fabrication de pièces de grandes dimensions, les efforts faits au point de vue décoratif montrent que l'administration actuelle de la Manufacture royale est bien à la hauteur de la mission qu'on lui a confiée. Les succès à l'Exposition de 1900, après ceux remportés à Chicago et à Munich, en sont la meilleure preuve.

---

## *Société anonyme de Rörstrand,* Stockholm (Suède).

La fabrique de Rörstrand, fondée en 1726, a d'abord produit de la faïence stannifère comme Marieberg, maison à laquelle elle s'est réunie en 1782. Ce n'est qu'après 1850 que la Société de Rörstrand a entrepris la fabrication d'autres céramiques. Elle présentait à l'Exposition de 1900 des faïences fines, des majoliques, des poêles de faïence, de la porcelaine tendre anglaise, du parian, de la porcelaine dure et du grès appliqués aussi bien aux usages domestiques qu'à la décoration des habitations.

La fabrique de Rörstrand, depuis 1868, est la propriété d'une société par action «Rörstrand Aktiebolag», dirigée par M. Robert Almström.

Les porcelaines d'art de Rörstrand, d'un style très caractéristique, sont pour la plupart modelées à la main et peintes de couleurs claires sous couverte. Les motifs de décoration, en général très simples, sont empruntés au règne végétal ou animal, ils enveloppent les vases de légers reliefs et en complètent les formes.

La direction artistique est confiée à M. Alf. Wallender; cet artiste de talent, tout à la fois peintre et sculpteur, a su s'entourer d'artistes de valeur, qui, tout en gardant leur personnalité, sont parvenus à créer des œuvres qui conservent bien le caractère général qui fait le charme des productions de Rörstrand.

A côté de porcelaines de couleurs douces et claires, on remarquait une collection de vases de différentes grandeurs, décorés de fleurs et feuillages peints en rose et vert des nuances les plus douces, encadrés dans un fond noir de grand feu; un grand vase, orné ainsi de pavots sur un fond noir, était digne d'attention; nulle part ailleurs nous n'avons rencontré un noir aussi profond et aussi puissant.

D'autres pièces, décorées sur des fonds bleus comme le vase aux cygnes, ou encore à l'aide de pâtes sur pâtes, en général sur fond céladon, étaient d'un bel aspect.

Parmi les services de table en pâte dure, l'un d'entre eux, orné de lis modelés et peints en bleu pâle et en rose, d'après la composition de M. Alf. Wallender, se faisait remarquer par ses formes agréables et son originalité; un autre décoré de motifs découpés dans la pâte et remplis de couvertes à la façon des grains de riz des Chinois, était aussi fort intéressant.

Rörstrand présentait, en outre, plusieurs services de table ou à café en pâte tendre phosphatique et en faïence fine émaillée avec un émail sans plomb, et une pâte tendre d'un genre tout nouveau.

Dans une vitrine centrale se trouvaient réunies des pièces originales en grès, des rouges de cuivre, des flambés, des lustres métalliques rouges et verts, et des couvertes cristallisées de tons variés, parmi lesquelles se faisait remarquer une cristallisation brun de rouille, d'un aspect métallique tout particulier, obtenue sans doute à une température relativement basse.

Cet ensemble, déjà fort brillant, était complété par des vases en faïence de grandes dimensions, décorés sous émail à l'aide de couleurs ou de barbotines, ainsi que par de grands poêles ornementaux placés dans la galerie extérieure.

En 1878, la Société de Rörstrand avait obtenu une médaille d'or; sa très belle exposition, de 1900, la désignait naturellement pour une plus haute récompense.

## *MM. Haviland et C^{ie}*, Paris (France).

M. Haviland père était, en 1839, à New-York, commissionnaire importateur de porcelaines et de faïences anglaises; il vit par hasard des porcelaines françaises, les trouva supérieures aux produits anglais et résolut d'introduire en Amérique cette vaisselle de plus belle qualité que celle dont on faisait usage. Il s'adressa à des commissionnaires de Paris et n'obtint pas satisfaction; il prit alors la résolution d'aller lui-même en France. Il établit une maison d'abord à Paris, puis à Foëcy, et enfin à Limoges en 1842, où il crée un vaste établissement de décoration, qui dès 1855, occupait plus de 800 peintres et ouvriers.

Les porcelaines faites d'après ses modèles étaient exécutées par différents fabricants de Limoges; pour cesser d'être leur tributaire, il fonde, en 1856, une manufacture de porcelaines qui est devenue, sous la raison sociale Haviland et C^{ie}, l'usine la plus importante de Limoges.

La maison Haviland a rendu un grand service à l'industrie porcelainière en l'entraînant à exporter ses produits céramiques; elle lui a, de plus, donné une grande impulsion en lui montrant tout l'intérêt qu'il y avait à créer des modèles nouveaux.

Beaucoup d'améliorations apportées dans l'industrie limousine sont dus à l'initiative de M. Haviland et C^{ie}; entre autres, l'introduction des fours à flammes renversées qui ont amené régularité et économie dans la cuisson des porcelaines.

On prépare dans cette fabrique, installée avec les perfectionnements les plus récents, tout, depuis les terres à cazettes jusqu'aux plus fines pâtes à porcelaines. Les formes des nombreux modèles de services de cette maison sont étudiées avec soin au point de vue pratique, et les décors dont les pièces sont ornées, souvent à l'aide de l'impression, leur donnent un aspect des plus gracieux.

Comme elle l'a toujours fait, la maison Haviland et C^{ie} présente des objets qui sont l'expression réelle de sa fabrication courante et non des pièces exceptionnelles faites spécialement en vue de l'Exposition; ce sont de jolis services de table, à dessert, à café, à thé, des garnitures de toilette fabriquées d'une façon irréprochable. Un de ces services simplement décoré de dorures permettait d'apprécier toute la beauté de la porcelaine et le glacé parfait de la couverte; un autre, à marli bleu de grand feu, parsemé de petites fleurettes, était d'un aspect charmant. Des pièces de services décorées de peintures en couleurs vives représentant des poissons, méritaient aussi d'attirer l'attention; une série de plats ovales de fort grandes dimensions et d'une réussite parfaite tant comme forme que comme décoration montraient que cette maison sait vaincre les plus grandes difficultés de fabrication.

Cette puissante manufacture, habilement dirigée par M. Charles Haviland, a su s'attirer les suffrages du Jury en n'exposant que des produits de sa belle fabrication courante. C'est la preuve d'un réel mérite.

### MM. *Théodore Haviland et C^ie^*, Limoges (France).

M. Théodore Haviland a fondé, en 1887, une fabrique nouvelle. Profitant de l'occasion qui lui était donnée de créer une grande fabrique de toutes pièces, M. Th. Haviland s'est efforcé de la construire sur un plan d'ensemble disposé de façon à grouper tous les services suivant les exigences de la fabrication, but qui n'est jamais rempli dans les usines qui se développent petit à petit; il réussit, par une bonne distribution des ateliers, à diminuer les manutentions et à réaliser ainsi une sérieuse économie dans le travail.

Toutes les machines nouvelles, tous les perfectionnements récents ont été introduits dans cette usine, tant pour le façonnage et la décoration que pour la cuisson des porcelaines et celle des décors. C'est ainsi qu'il a monté de suite, pour cuire les peintures de petit feu, une moufle continue à sole mobile si pittoresquement appelée *four crématoire* par les ouvriers limousins; et qu'il a osé installer un four continu à gazogène pour la cuisson de la porcelaine, malgré les fortes dépenses et les tâtonnements inévitables qu'entraîne la mise en marche d'un appareil de ce genre.

En introduisant à Limoges la cuisson au gaz dans des fours continus, M. Théodore Haviland aura rendu un signalé service à l'industrie française, car, dès que ses confrères se seront rendu compte de la grande économie de combustible que peut apporter ce mode de cuisson dans la fabrication des porcelaines, ils ne tarderont pas à suivre son exemple.

M. Théodore Haviland, trouvant avec raison les pâtes de Limoges en général trop vitreuses, a pris pour type de sa pâte à porcelaine celui des porcelaines de l'ancien Saxe ou du vieux Sèvres.

On remarquait dans cette exposition, parmi nombre de pièces de formes bien étudiées, un joli service décoré sous couverte par M. Penaud, un autre, à bords festonnés orné d'iris, peints sous couverte avec des tons rose, vert et bleu pâle d'une grande fraîcheur et aussi ceux décorés de nénuphars et de grues par M. Ribière.

Cet ensemble de pièces intéressantes était complété par une grande quantité de rouges au grand feu très réussis et par quelques sculptures et bas-reliefs faits en une pâte d'une composition particulière qui prend à la cuisson un demi-glacé et leur donne un aspect particulier.

---

### MM. *Pillivuyt et C^ie^*, Mehun-sur-Yèvre [Cher] et Nevers [Nièvre] (France).

La maison Pillivuyt se faisait déjà apprécier en 1855 par sa belle fabrication et surtout par un assortiment très complet de jolies pâtes de couleurs au grand feu sous couverte.

A toutes les expositions, du reste, elle s'est fait remarquer par ses décors sous couverte, exécutés avec les couleurs dues à l'habile chimiste céramiste Halot, qu'elle avait su intéresser à ses travaux.

Eugène Halot a passé toute son existence à Mehun; il y a créé une palette des plus riches de couleurs de grand feu, palette que M. Alphonse Lamarre, son élève et digne successeur, a encore enrichie dans ces dernières années.

De nombreux spécimens de ce genre de fabrication, beaux vases, jardinières, coupes, etc., décorés au grand feu de porcelaine dure, sous la direction de M. Alphonse Lamarre, figuraient à l'Exposition; citons, parmi ces pièces de nuances remarquables, un ton rouge orangé sur lequel se répandaient des coulures jaunâtres très harmonieuses, des fonds écailles passant du brun jaune au brun rouge le plus chaud, de jolis verts profonds et un bleu persan très brillant. Un service de table décoré d'algues marines exécutées sous couverte par le même procédé présentait un charmant aspect.

A côté des vases de luxe et des services décorés au grand feu, on en voyait d'autres peints et décorés au feu de moufles ainsi que les objets les plus variés que la porcelaine peut produire, depuis le plus coquet service à café jusqu'aux articles de cuisine en pâte à feu.

MM. Pillivuyt et Cie exposaient, en outre, des pièces qui, pour n'être pas des objets d'art, ne manquaient cependant pas d'intérêt au point de vue de l'habileté qu'elles exigent du fabricant; tels sont les appareils sanitaires en porcelaine dure qui, en raison de leurs dimensions, offrent de grandes difficultés de fabrication ainsi que les différents isolateurs en porcelaine employés dans les appareils et installations électriques. Ces isolateurs, coupe-circuit, interrupteurs, etc., percés de trous, de pas de vis, doivent être exécutés avec une précision mathématique, condition difficile à remplir avec la porcelaine; MM. Pillyvuyt et Cie ont su établir ces pièces délicates et précises de façon à satisfaire les constructeurs électriciens qui, jusqu'ici, étaient obligés de se procurer ces objets à l'étranger.

Cette fabrique, qui avait obtenu une médaille d'or aux Expositions de 1867, 1878 et 1889, était toute désignée par ses efforts et ses progrès pour la haute récompense qui lui a été accordée en 1900.

---

### *Manufacture royale de porcelaine de Saxe*, Meissen (Allemagne).

La Manufacture royale de Saxe, fondée en 1710 par Frédéric-Auguste Ier, roi de Pologne et électeur de Saxe, est celle où fut fabriquée, pour la première fois en Europe, la porcelaine que venait de découvrir Jean-Frédéric Böttger. C'est de la Manufacture de Meissen que dérivent presque toutes les fabriques de porcelaines dures d'Europe.

Meissen imite à son origine les porcelaines chinoises à dessins bleus, puis elle aborde le décor polychrome en représentant des fleurs, des insectes, des scènes pastorales ou d'intérieur; bientôt elle ajoute, à la fabrication des services, celle des vases de luxe, de la lustrerie, des fleurs modelées, des candélabres, des figurines et des élégants petits groupes qui ont si puissamment contribué à sa renommée.

Nous retrouvons dans l'Exposition de 1900 beaucoup de reproductions de ces modèles anciens remontant même à la fondation de Meissen.

Parmi ces reproductions on voit : l'orchestre de singes; le grand cadre de glace de 4 mètres de haut, décoré de fleurs et de figures représentant Apollon et les Muses, pièce qui n'avait pas été refaite depuis 1748; le crucifiement du Christ; le triomphe de Galatée; des vases ornés de peintures ou de sculptures, tous modèles de Kaendler de 1731 à 1775. A côté de ces sculptures se trouvent des reproductions fidèles de peintures de Hœrold (1730-1750).

Plus de mille pièces exécutées très habilement, d'après d'anciens modèles, figuraient dans cette exposition. Ce fait prouve l'attachement que la Manufacture royale garde à son ancienne fabrication.

Malgré son culte pour son beau passé, la Manufacture de Meissen est néanmoins entrée dans des voies nouvelles, tant au point de vue de l'art qu'à celui de la fabrication; cependant elle n'y est pas arrivée sans une certaine hésitation et peut-être plus par l'impulsion d'influences extérieures que par sa propre conviction.

La Manufacture de Meissen divise elle-même son exposition en deux groupes : le groupe de la période ancienne, dont nous venons de parler, qui va de 1710 à la fin du XVIIIe siècle, et le groupe du temps moderne dans lequel sont rangés les modèles et les œuvres d'art créées dans le XIXe siècle.

Plusieurs pièces de cette dernière période sont exécutées au grand feu à l'aide de pâtes colorées et par le procédé dit *pâte sur pâte*. Citons parmi ces objets : le cabinet style empire, modèle de M. Sturm, directeur d'art de la Manufacture royale; la table des saisons; le joli plat *nymphea* d'un travail des plus remarquables; le grand vase céladon orné de plantes aquatiques et de masques de nymphes. D'autres pièces sont habilement peintes et d'un glacé parfait, par exemple le vase de la *Danse des Muses* de M. Andresen, et celui de la *Danse des Néréides* de M. Grust.

Des groupes de M. Andresen, des pendules, des lustres, des jardinières de divers sculpteurs complètent l'ensemble des productions modernes.

La palette de pâtes colorées de Meissen est des plus riches et ses artistes savent en tirer des effets d'une précision et d'une finesse vraiment remarquables, vu les difficultés de la peinture au grand feu.

Meissen présentait en plus une série de couvertes rouges, flammées et cristallisées de tons variés appliquées sur de jolies formes; de nombreux services de table diversement décorés, parmi lesquels se trouvait un service à café, empruntant sa forme à la fleur du crocus, d'une composition des plus intéressantes.

A côté de ses productions d'art, la Manufacture de Saxe fabrique de grandes quantités de porcelaines d'usage; elle occupe plus de 700 ouvriers et fait un chiffre d'affaires considérable et d'importantes exportations.

L'ensemble très satisfaisant de l'exposition de la Manufacture royale de Saxe indique nettement qu'elle se maintient à la hauteur de son ancienne renommée.

### *M. Kousnetzow,* Moscou (Russie).

La maison Kousnetzow est une des plus importantes de Russie, peut-être même du monde entier; elle occupe dans ses sept usines plus de 10,000 ouvriers. Ses usines sont pourvues de fours, de moufles, d'appareils de broyage, de filtres-presses, construits d'après les modèles les plus récents. Le façonnage s'exécute à l'aide des machines perfectionnées de M. Faure, de Limoges; les cuissons se font avec la houille, le bois ou la tourbe, suivant la proximité des usines de l'un ou l'autre de ces combustibles. Les matières premières nécessaires à la fabrication : kaolins, argiles, feldspath et quartz, sont extraites de carrières situées sur les immenses terrains que possède cette puissante maison. Son commerce se fait à l'intérieur de la Russie, depuis la mer Blanche jusqu'à la Crimée, en Sibérie, dans le Caucase, la Perse et la Turquie.

La pâte et la couverte sont de belle qualité et l'exécution des pièces, en général de bonnes formes, est très soignée.

Les services de porcelaines de M. Kousnetzow sont décorés dans le goût national russe, ce qui leur donne un cachet tout particulier qui étonne d'abord, mais auquel on ne tarde pas à reconnaître un charme réel.

Toutes ces porcelaines sont décorées, au feu de moufles, de couleurs très vives et rehaussées de riches dorures.

Un plat oval décoré se faisait remarquer par ses dimensions extraordinaires; sa bonne réussite prouve que les ouvriers, qui l'ont fabriqué, sont absolument maîtres de leur métier.

Cette exposition contenait des services de table, à café, à thé, quelques vases de luxe en porcelaine, décorés dans le goût oriental et, de plus, un grand encadrement en faïences ornées de couleurs très vives d'un aspect tout spécial.

La Société Kousnetzow s'était déjà fait remarquer par sa belle et importante fabrication de porcelaines et de faïences à l'Exposition de 1889, et le Jury lui avait décerné une médaille d'or.

### *M. Miyagawa-Kozan,* Yokohama (Japon).

M. Miyagawa est un céramiste connu de longue date en Europe; il exposait en 1878 des grès qui eurent un grand succès et lui valurent une médaille d'or; en 1889 il obtint la même récompense pour ses flammés et rouges de cuivre, dont il exposait une belle collection.

M. Miyagawa se présente à cette exposition avec une série de porcelaines d'art décorées par les procédés les plus divers, qui mettent bien en relief toute la valeur de ce technicien habile doublé d'un artiste de talent.

Ce sont, sur de belles formes simples, des rouges de cuivre d'un aspect particulier, restant bien fixes sur les pièces, employés tantôt en fonds, tantôt en décorations dessinées avec goût; des bleus au grand feu associés sur la même pièce avec des rouges de cuivre; des céladons qui semblent obtenus, non avec l'oxyde de fer suivant l'ancienne technique orientale, mais bien avec l'oxyde de chrome; des bruns et des jaunes de fer.

Parmi ces porcelaines de grand feu, toutes d'un superbe aspect, on remarquait un très joli cornet décoré de bleu; deux vases, l'un céladon, l'autre jaune, sur lesquels des fleurs ornementales s'enlevaient en clair, produisant ainsi le plus charmant effet.

M. Miyagawa n'applique pas seulement son talent aux porcelaines de grand feu, il sait encore profiter de toutes les ressources qu'offrent au céramiste les émaux et les peintures de feu de moufle; on remarquait, parmi les pièces décorées en moufle, de grandes plaques bien fabriquées, ornées de paysages habilement peints; un joli vase à fond réticulé orné de gallinacées de tons bleus et gris; un superbe vase à fond rouge de fer mat, décoré de dragons et d'ornements en or et argent (ou platine) et un coquet petit vase sur le fond rouge duquel se silhouettait un joli décor clair.

M. Miyagawa a su mettre sa fabrication à l'abri de l'influence européenne, aussi toutes ses pièces décorées dans le style japonais le plus pur donnaient-elles une saveur spéciale à cette très intéressante exposition.

---

## *Chaplet (Ernest)*, Choisy-le-Roi [Seine] (France).

La carrière céramique déjà longue de M. Chaplet est une des mieux remplies; en jetant un regard rétrospectif sur les travaux de cet artiste céramiste, on se rend compte des nombreux services qu'il a rendus à l'art de la terre.

Dès 1853, à l'âge de 18 ans, il collaborait avec M. Lessore, qu'il avait connu à la Manufacture de Sèvres, à la décoration de vases destinés à l'Exposition universelle de 1855.

Il entre en 1857 chez M. Laurin et peint, sur émail stannifère, de nombreuses pièces fort réussies qui contribuèrent beaucoup aux succès obtenus, à cette époque, par la faïencerie de Bourg-la-Reine.

C'est dans cette même fabrique qu'il crée, vers 1872, la peinture de faïence sous couverte qui a été désignée sous le nom de *barbotine*. Ce joli genre de décoration eut un très grand succès tant qu'il fut exécuté par des artistes de valeur comme M. Chaplet, M^me^ Escalier et d'autres.

Toujours à la recherche du nouveau en céramique, M. Chaplet étudie ensuite les grès rouges dans le genre de ceux de Noron et du Beauvaisis; il voit le parti qu'on peut tirer de cette robuste matière au point de vue artistique, et il en monte la fabrication dans les ateliers de M. Ch. Haviland, à Auteuil. C'est là aussi qu'il fit, à la même époque, ses premiers essais de couverte rouge de cuivre.

Ces premiers rouges et flambés n'eurent pas tout l'éclat que M. Chaplet sut leur donner plus tard dans sa fabrique de Choisy-le-Roi. Là M. Chaplet s'adonne plus spécialement à l'étude des rouges de cuivre, et arrive à en bien connaître la fabrication; rapidement il produit les nombreuses et belles pièces qui attirèrent l'attention des amateurs en 1889 et qui lui firent décerner par le Jury une médaille d'or.

A partir de cette époque, M. Chaplet dirige tout son talent de céramiste sur l'étude des couvertes préparées avec des oxydes qui donnent des couleurs variables suivant l'atmosphère du four et il fabrique ainsi toute une série de colorations les plus inattendues; souvent même, exagérant ce qu'on considérait comme un défaut, il arrive à produire des effets originaux et surprenants, tels ceux qu'il obtient avec une couverte bulleuse d'un beau ton vert des plus légers, dans laquelle apparaissent par places des gouttes du rouge le plus vif, ou encore ces vases rouges veinés ou ponctués de blanc pur.

De l'oxyde de cuivre qu'il introduit dans ses couvertes, M. Chaplet sait tirer toutes les nuances : le gris, le vert, le jaune, le bleu et le rouge. Les pièces sur lesquelles sont posées ces couvertes sont en général de formes simples. Un grand plat rond bien réussi, qui figurait dans l'exposition de M. Chaplet, montre qu'il sait non seulement diriger les vitrifications à sa guise, mais qu'il sait aussi vaincre les grandes difficultés de fabrication.

---

### *Manufacture Impériale de Constantinople* (Turquie).

Cette manufacture, installée dans les dépendances du palais du Sultan, est de création assez récente; c'est sans doute là la cause qui a fait limiter à quelques pièces les envois de cet établissement.

Deux vases en porcelaine, faits de plusieurs pièces montées sur des socles, sont presque les seuls objets qui figuraient dans cette exposition. Ces vases étaient décorés, au feu de moufle, de fleurettes vertes et roses entourées de dessins en or, formant un vermiculé sur un fond bleu clair turquoisé.

---

### *M. Grandhomme (Paul)*, Paris (France).

M. Grandhomme est un émailleur d'une grande habileté dans son métier, mais surtout un artiste de mérite dont le talent est consacré depuis longtemps. Ses beaux travaux lui ont valu trois médailles d'or à l'Exposition universelle de 1889 et peu après la croix de chevalier de la Légion d'honneur.

M. Grandhomme présentait ses beaux émaux tout à la fois dans la Classe de l'orfèvrerie et dans celle de la céramique; ses œuvres se font remarquer par la composition, le dessin et la perfection de l'exécution.

Des émaux, tels que ces plateaux ornés de fleurs ou bien de ravissantes têtes, le plat aux fleurettes encadrées dans une bordure de boutons de roses, la coupe à la déesse des eaux dans les algues, la Fortune sur les ondes, l'Océanide, sont autant d'œuvres qui prouvent que M. Grandhomme est un artiste qui ne le cède en rien à nos anciens maîtres émailleurs français.

---

## MÉDAILLES D'OR.

### *Collectivité des céramistes Chambrelans de Limoges* (France).

Cette association comprend une trentaine de membres; c'est une société d'émulation dont le but est de perfectionner les formes et les décors des objets en porcelaine, en leur donnant un caractère plus artistique et en se dégageant autant que possible des obligations commerciales qu'impose l'industrie.

Seuls les artisans non patentés peuvent en faire partie, et les travaux présentés doivent être entièrement exécutés à la main, à l'exclusion de tout procédé mécanique,

Cette collectivité est sous le patronage de l'État depuis 1891; elle a exposé à Chicago et y a obtenu un légitime succès. M. Charles Laurent, délégué à Anvers, et M. Thamin, à Lyon, firent sur ces expositions des rapports fort remarqués.

Soutenue par l'État, par le Conseil général de la Haute-Vienne et par la ville de Limoges, cette association a pu envoyer en 1900, à Paris, la belle exposition qui leur a valu une médaille d'or bien méritée.

Dans leur nombreuse et brillante exposition, on remarque, à côté de pièces de tous genres, peintes et dorées avec goût au feu de moufles, une série de formes bien étudiées, décorées au grand feu, tels que le *Vase aux poissons,* celui où se silhouette une femme, joliment dessinée, enveloppée dans une draperie blanche, et encore ceux décorés de fleurs ornementales de tous genres, ou de figures en pâte sur pâte. Toutes ces pièces sorties des mains de MM. Faleri, Charles Fayola, Valéri, Galatry, Goumondie, mettent en lumière le talent de ces artistes et montrent bien leur tendance à se lancer dans la voie très intéressante de la décoration au grand feu de four et à abandonner résolument la pratique par trop surannée de la décoration au feu de moufles, suivant les expressions dont ils se sont servis eux-mêmes pour exprimer leurs vues sur l'avenir de la céramique.

---

### *MM. Girault-Demay et Vignolet,* Bruère-Allichamps (France).

Ces fabricants ont su, malgré les préoccupations que leur donne la fabrication de leurs porcelaines commerciales, s'occuper de recherches de couleurs et couvertes au grand feu et ils ont fort bien réussi.

Dans leur exposition plus artistique que commerciale, on remarque de jolies pièces décorées, en bleu sous couverte, de poissons faits avec une grande habileté; des couvertes rouges de cuivre, fort bien réussies sur des vases de plus de 70 centimètres de haut; des couvertes au grand feu, mates ou d'un glacé parfait; des couvertes cristallisées bleues sur fond jaune, et surtout une couverte cristallisée d'un noir brun à reflets métalliques bleus, jaunes et rouges absolument remarquables et que nous n'avons vue dans aucune autre exposition.

Cet ensemble de couvertes nouvelles, bien étudiées et riches en effets imprévus, prouve de la part de ces fabricants une grande connaissance des arts du feu et un grand amour de leur beau métier.

---

### *M. Koranshâ,* Arita [Saga-Ken] (Japon).

Cette maison a exposé, à Paris, en 1878 et en 1889; ses produits très remarqués alors, lui valurent à chacune de ces expositions une médaille d'or.

M. Koranshä s'occupe non seulement de la production de pièces artistiques, mais il fabrique encore une grande quantité de porcelaines courantes et entre autres des isolateurs électriques; il est le premier à avoir fait au Japon usage des machines Faure.

On remarquait dans cette exposition des vases décorés de dessins faits en rouge de cuivre sous couverte (ces rouges ont une grande tendance à tourner au violacé lie de vin et même au gris rosé), des vases ornés de bleu sous couverte, entouré habilement d'un rouge de fer de moufle. Deux vases dont l'un, revêtu d'ornements en relief colorés, représente une carpe se jouant autour d'un bambou, l'autre sur la panse duquel un poisson s'élance dans une vague, avaient un charme réel.

Mais à côté de ces belles pièces, bien conçues dans le sentiment artistique particulier aux Japonais, se trouvaient des tasses de modèles et de décors européens d'un moins bon effet; les Japonais perdent beaucoup en voulant nous copier, et ils feraient mieux de se souvenir de ce que M. Lœbnitz écrivait en 1889, à propos de la maison Koransha : «Nous trouvons que l'ensemble des produits se ressent trop de l'influence européenne; on sent que ces industriels japonais sont venus visiter nos usines en 1878 et qu'ils se sont laissé influencer par nos formes, nos décors et même notre fabrication. Cela est fâcheux, car, en devenant Européens, les Japonais perdent leur génie et leur personnalité et ne retrouvent pas, en échange, des qualités équivalentes; le goût occidental n'est pas dans leur tempérament.»

Cette opinion, émise en 1878, est restée celle du Jury de 1900.

---

## *MM. Naudot (Camille) fils et Cie*, Paris (France).

MM. Naudot (Camille) fils et Cie sont les seuls exposants de porcelaine tendre française, si on excepte la Manufacture nationale de Sèvres.

La pâte tendre de ces fabricants est d'un joli blanc laiteux; sa translucidité n'est ni trop grande, ni trop faible, l'émail en est gras et limpide. En un mot, la porcelaine présentée par M. Naudot est une bonne reconstitution de l'ancienne pâte tendre à fritte: il pourra, comme il l'annonce, faire facilement avec cette pâte des rassortiments de pièces et compléter des services anciens en *vieux Sèvres.*

M. Naudot expose des vases ornés de peinture bien glacée comme le sont toutes les pâtes tendres; des pièces de services décorées d'émaux transparents en relief; une grande plaque 66/46 sur laquelle est peint un faisan aux couleurs les plus vives. Mais les pièces les plus remarquables de cette exposition sont celles dont les décors, découpés à jour dans la masse de la pâte, sont remplis d'émaux colorés transparents; ces champs ajourés arrivent, dans les pièces de M. Naudot, à avoir des dimensions bien supérieures à celles qu'on voit dans les porcelaines de Chine dites *grains de riz;* le bol orné de boules de neige qui, joint à une réelle difficulté d'exécution vaincue un bel aspect décoratif, est un exemple remarquable de cette belle fabrication.

---

## *Société anonyme des propriétaires de la Manufacture de Gustafsberg*, Gustafsberg (Suède).

Cette fabrique, fondée en 1827 dans l'île de Vermdö, est très habilement dirigée par M. W. Odelberg. Sous son administration elle a pris un grand développement technique et artistique.

Gustafsberg, où sont employées près de 900 personnes, produit de la porcelaine, du parian, de la faïence fine, des majoliques.

Les artistes Wennerberg et Neujd créent pour cette fabrique de belles formes nouvelles; aussi les services de luxe et les vases d'ornement sortis de cette fabrique portent-ils tous le cachet d'originalité des productions du Nord. Il y a grande analogie entre les produits de Gustafsberg et ceux de Röstrand, sans cependant que les uns soient des copies des autres.

A côté des porcelaines et des statuettes en parian exposées, de beaux vases vert clair à ornements vert foncé, ou ornés de décors bleu foncé sur fond bleu clair, forçaient l'attention par leur note toute spéciale et leur belle exécution.

---

## *M. Bonnaud (Paul)*, Limoges (France).

M. Bonnaud est un artiste qui consacre son talent à interpréter ses compositions personnelles par le beau métier de l'émailleur.

Les plaques qu'il présente sont d'un bon dessin, très habilement exécutées; il a une bonne palette et possède bien son délicat métier. Ses vases sont enveloppés avec goût de fleurs d'une jolie couleur; mais ne fait-il pas erreur en cherchant à imiter avec l'émail, sur quelques-uns de ses vases, les coulures que l'on voit sur certains grès ou porcelaines de grand feu?

---

### *Société Richard-Ginori,* Milan (Italie).

La société céramique Richard-Ginori est un établissement récemment fondé au capital de 7 millions de francs par la fusion de la société Richard, de Milan, et de l'ancienne et renommée manufacture de la famille Ginori, de Doccia, près Florence.

Cette puissante société possède cinq usines en Italie — à Milan, où se trouve le siège social, à Sesto Fiorentino, à Mondovi, à Pise et à Vadi — dans lesquelles l'on fabrique des majoliques, des faïences et des porcelaines.

Les services en porcelaine exposés par cette société sont bien fabriqués avec une belle matière et ont des formes élégantes.

Un vase bleu décoré d'un sujet en sculpture exécuté en pâte blanche, un grand vase orné de fleurs peintes en vert et en rouge de chrome s'enlevant sur un fond bleu de four, des reproductions de modèles anciens de la maison Ginori, une grande cheminée monumentale se faisaient remarquer dans cette exposition.

### *M. Fukagawa-Tchûji,* Arita [Saga-Ken] (Japon).

M. Fukagawa était le représentant du groupe des exposants japonais du Saga-Ken. Il est propriétaire à Arita d'une importante usine qui possède des succursales à Arita, Nagasaki et Kobé.

Ces porcelaineries travaillent surtout pour l'exportation.

Son exposition contenait, à côté de pièces commerciales, de belles pièces dont la bonne exécution indiquait une grande habileté tout à la fois de décorateur et de fabricant; parmi ces pièces nous citerons un grand plat de plus d'un mètre de diamètre, au fond duquel était représenté en bleu sous couverte le Fusi-Yama, le volcan à cime neigeuse; un vase hexagonal, dont les faces portaient alternativement, l'une des ornements géométriques, l'autre des dessins d'animaux se détachant sur un fond de fleurs; et un certain nombre de pièces aux décors bleu, rouge et or, dans le goût classique des Japonais.

### *M. Takemoto-Kô-iti,* Tokio (Japon).

L'exposition de M. Takemoto était remarquable par de beaux rouges de cuivre, des fonds d'un joli bleu fleuri, des couvertes à coulures d'une belle réussite, des coulures toutes spéciales formant un vermiculé rougeâtre sur un fond bleu. Un beau vase à fond noir semi-mat, une potiche blanche tachée agréablement de rouge de cuivre et un vase décoré avec goût d'algues marines bleuâtres sur un fond rouge de cuivre attiraient surtout l'attention sur cette intéressante collection de porcelaines et de grès.

### *MM. Haas et Czjzek,* Schlaggenwald et Chodau (Bohême).

Comme beaucoup de fabriques de porcelaines, la maison Haas et Czjzek ne présentait que des porcelaines de vente courante, sans y ajouter les traditionnels vases faits spécialement pour les expositions.

Ses services de table sont bien fabriqués; ses modèles variés sont en général bien étudiés; un service à décors bleu sous couverte et un autre blanc et or formaient un élégant ensemble. Quelques services peints au feu de moufles étaient d'un aspect moins heureux.

### FABRIQUE PH. ROSENTHAL et C^ie^, Selb (Bavière).

Cette société, fondée en 1880, à Selb, a dû, faute de place, renoncer presque complètement à présenter ses belles porcelaines de services, qui sont cependant sa principale fabrication; elle n'expose que des porcelaines décorées au grand feu; l'ornementation en est simple et bien comprise. On remarquait, sur certaines de ces pièces, de jolis effets obtenus à l'aide de pâte blanche rapportée sur un ton vert céladon.

### M. FISCHER DE FARKASHAZ (*Eugène*), Herend (Hongrie).

La manufacture de porcelaines de Herend a été fondée en 1838 par J. Stingel; en 1839, M. Maurice Fischer la racheta à son fondateur et la rendit très prospère; mais, trop préoccupé du côté artistique de ses produits, il négligea la partie commerciale et son usine périclita.

M. Eugène FISCHER vient de remettre la fabrique de Herend en marche et il expose des pièces faisant partie de la vaisselle de la cour royale, des services ornés de reproductions d'anciennes peintures de fleurs au feu de moufles et des vases ornés par les procédés modernes des pâtes colorées de grand feu fort bien réussis.

### M. INO-OUYÉ (*Riôsaï*), Tokio (Japon).

A signaler, dans l'intéressante exposition de ce fabricant: un joli vase blanc, enveloppé d'ornements peints en bleu au grand feu; une potiche sur laquelle des fleurs bien glacées s'enlèvent sur une couverte mate; des pièces à couverte rouge uni ou flambé; d'autres sur lesquelles apparaissent de jolies coulures; des vases décorés à l'aide du difficile procédé du rouge de cuivre peint sous couverte.

En général, les pièces exposées ici ne sont pas de formes très nouvelles; cependant, un vase ayant la forme du Fusi-Yama, le volcan japonais couvert de neige, surprend par son aspect bizarre.

A côté de ses porcelaines, INO-OUYÉ expose des faïences bien décorées et aussi des grès à couvertes noires, brun rougeâtre, dans le genre des vieux grès japonais qui ont si fortement contribué à mettre les grès en faveur chez nous.

### M. SOYER (*Théophile*), Paris (France).

M. SOYER continue, dans l'art de l'émailleur, les bonnes traditions de son père.

M. Soyer père avait fondé à Paris, en 1852, un atelier d'émaillage sur métaux; il acquit rapidement, dans ce difficile et charmant métier artistique, une grande notoriété.

M. Soyer fils, qui exposait déjà en 1889 et obtenait une médaille d'argent, sait mettre à profit, avec une habileté accomplie, tous les procédés anciens ou modernes de l'art de l'émailleur; il possède une superbe palette d'émaux et il sait avec perfection façonner les métaux qui doivent en être recouverts sous les formes les plus variées.

Son exposition, où l'on remarque des vases ornés de fleurs d'un beau violet, entourées de feuilles vertes se détachant sur un fond d'aspect soyeux, de jolies peintures, des coffrets d'une seule pièce, présentait un ensemble très agréable.

### *Société « Arabia »*, Helsingfors (Finlande).

Cette société, au capital de 1,000,000 de francs, a été fondée en 1874; elle fabrique de la porcelaine, de la faïence et des briques.

L'exposition de cette maison comprenait des services de table, des tasses à thé, des garnitures de toilette; parmi ces objets, on remarquait un joli service en porcelaine orné de peintures bleues sous couverte.

Des grands vases à pans de 75 centimètres de hauteur à couverte marbrée, des vases d'un beau profil, très bien exécutés, indiquaient la grande habileté que possède cette maison dans la fabrication de la porcelaine et de faïence fine.

Un grand poêle monumental et une cheminée à décors verts rehaussés d'or, exécutés en faïence, complétaient cette intéressante exposition.

---

### *MM. Riessner, Stellmacher et Kessel*, Turn-Teplitz [Bohême] (Autriche).

Cette maison expose des groupes et des statuettes dorés et polychromes, des vases décoratifs dans lesquels la figure humaine sert surtout d'ornement; la plupart de ces pièces semblent avoir été conçues pour être exécutées en étain. Elle présente en outre des vases et des objets de luxe, dits *de style moderne*, décorés la plupart de couleurs foncées et même noires; quelques-unes d'entre elles sont ornées de couvertes à reflets métalliques.

---

## MÉDAILLES D'ARGENT.

### *Chambre syndicale des Peintres céramistes de Limoges* (France).

Cette société, fondée en 1882, se propose d'instruire les peintres céramistes qui en font partie et de développer leur goût artistique; elle s'efforce, en outre, de mettre en lumière les résultats de leurs travaux. A toutes les expositions auxquelles elle a participé, elle a obtenu un légitime succès.

Sans être aussi nombreuse qu'elle pourrait l'être, cette association de peintres céramistes compte 762 membres.

Les peintures au feu de moufles, les dorures, les émaux, les décorations au feu de four exécutées sur et sous couvertes, présentés par les membres de la Chambre syndicale, formaient une très intéressante exposition qui leur a valu une médaille d'argent bien méritée.

---

### *M. Jean (Auguste)*, Paris (France).

L'ensemble de cette exposition est d'un bel aspect, elle montre bien l'habileté que M. Jean possède dans son art.

Émaux sur plaques, sur plats creux, sur coupes, sur vases, sur bonbonnières, sur coffrets, émaux translucides, émaux limousins, émaux peints, émaux cloisonnés, émaux sur paillons, tous les genres sont ici représentés.

La palette de cet émailleur est très riche et il s'en sert fort agréablement.

Cet exposant produit des pièces commerciales, mais il sait aussi s'intéresser aux œuvres d'art.

---

### MM. Alluaud (*Eugène*) et Cie, Limoges (France).

M. Alluaud est le petit-fils de F. Alluaud qui, dès 1797, s'occupa de la fabrication de la porcelaine à Limoges et qui lui fit faire alors de grands progrès. Les pièces de service, les vases exposés sont bien exécutés en une belle pâte et décorés avec goût, tout en recherchant à quitter les chemins trop battus; mais ce qui distingue surtout cette fabrique, ce sont ses porcelaines spéciales, ornées de fleurs en relief, légèrement colorées, mates ou émaillées, destinées aux constructions et à la décoration architecturale.

---

### M. Ahrenfeldt (*Charles*), Limoges (France).

Cette maison, qui d'abord ne comprenait que des ateliers de décoration, s'est transformée, il y a cinq ans environ, en une manufacture de porcelaines. Elle s'est rapidement accrue; à son début elle ne possédait qu'un four, elle en utilise trois aujourd'hui; sa fabrication est soignée, ses formes et ses décors sont bien exécutés, quoique parfois un peu lourds; plusieurs pièces exposées sont, d'après la mode commerciale du jour, du style empire.

---

### M. Dartout (*Pierre*), Paris (France).

M. Dartout présente des fleurs artificielles en porcelaine, très habilement montées sur des tiges en une autre matière; ces fleurs, fabriquées avec soin, sont réellement peintes avec des couleurs céramiques, vitrifiées au feu de moufle, au lieu d'être, comme par le passé, simplement enluminées avec de fugaces couleurs végétales.

---

### M. Frugier (*René*), Limoges (France).

Cet exposant a monté récemment la fabrication d'une porcelaine spéciale destinée aux usages du laboratoire et de la cuisine; il a donné à son produit le nom d'*aluminite*. Ses connaissances scientifiques (M. Frugier est ingénieur des arts et manufactures), son expérience de fabricant de pâtes à porcelaine le mettaient à même de composer une porcelaine convenablement préparée pour résister à des changements brusques de température; aussi a-t-il réussi.

Ses plats à feu, ses creusets, capsules, bien façonnés avec une belle pâte, ses casseroles, dont la poignée est ingénieusement fixée par une monture simple en métal, répondent parfaitement au but qu'il voulait atteindre.

---

### M. Schmuz-Baudiss (*Theodor*), Munich (Bavière).

M. Schmuz-Baudiss est un artiste qui crée les modèles qu'exécutent pour lui les fabricants Swaine et Cie. Il s'est posé le difficile problème de moderniser le service de table et de le décorer de couleurs de grand feu; les pièces qu'il expose forment, bien qu'elles ne soient pas à l'abri de certaines critiques, un ensemble agréable et nouveau. Les plats à poissons à courbures originales qui en facilitent la prise, les assiettes, les légumiers, les saucières ont un joli profil et sont habilement ornés de bestioles et de fleurs stylisées rehaussées d'un ton vert bleu sous couverte qui laisse encore apparaître les qualités de la porcelaine blanche. Une série de vases faits dans le même esprit complète cette exposition.

---

### *MM. Morlent frères*, Bayeux (France).

Cette maison, établie dès 1802, à Bayeux, pour utiliser les kaolins des Pieux, fabrique une porcelaine un peu grisâtre qui jouit de la qualité de pouvoir aller au feu sans se casser; aussi les principales productions de cette fabrique consistent-elles en plats ronds et ovales pour les usages culinaires, en ces cafetières bien connues à couverte brune, en capsules, creusets, tubes à réservoir pour pyromètres; l'un de ces instruments était de dimension gigantesque.

---

### *Le tao-taï Cheng, de Kiu-Kiang* (Chine).

Le tao-taï, c'est-à-dire le préfet, du nom de Cheng, de Kiu-Kiang, expose une collection de plus de 500 pièces de porcelaines fabriquées par différents porcelainiers de King-te-Tcheng. On retrouve dans cette exposition des spécimens de porcelaines chinoises de formes et de couleurs connues tels que vases à décors bleus, théières, tabourets, plats avec dragons rouges ou verts sur fond blanc, figures symboliques, etc.; ces objets sont assez bien réussis en général, quelques-uns cependant laissent à désirer au point de vue de l'exécution.

---

### *M. Kato (Tomataro)*, Tokio (Japon).

Parmi les diverses pièces, très bien fabriquées, présentées par cet exposant, on remarque plusieurs vases décorés d'oiseaux dessinés avec toute l'habileté qui distingue les artistes japonais; un gros coq bien campé et joli de couleur, produisait un très bel effet.

---

### *M. Ito (Tozan)*, Kioto (Japon).

L'attention est attirée sur cette exposition par des vases blancs, beaux de forme, ornés avec goût de branches de graminées exécutées en émaux au feu de moufles, et aussi par des vases décorés en bleu au grand feu sur un fond gris roux d'un effet très harmonieux.

---

### *MM. Langle et Poinsot*, Limoges (France).

Cette fabrique, récemment établie sous cette raison sociale, est la continuation de la maison bien connue de Raymond Laporte. Elle s'occupe spécialement de la production de groupes, de bustes, de statuettes en porcelaine d'après de bons modèles anciens ou nouvellement créés. A côté de ces sculptures, MM. Langle et Poinsot présentent une quantité d'objets de fantaisie : vases, services de table décorés en bleu de four rehaussés d'or, déjeuners, services à café et à thé, jardinières, etc., décorés au feu de moufles; les formes en général bonnes sont peut-être trop souvent inspirées de styles du passé.

---

### *M. Jouneau (Prosper)*, Parthenay (France).

M. P. Jouneau expose dans une vitrine des plats, des buires, des aiguières, des flambeaux, des coupes, etc., pièces qu'il crée et fabrique lui-même dans le genre dit *d'Oiron* ou *de Henri II*, genre dont il s'occupe depuis 1882.

M. Jouneau faisait autrefois ces pièces en faïence de terre blanche, il les présente aujourd'hui en porcelaine. Ces pièces, bien exécutées, ne manquent pas de valeur.

---

### *MM. Gouiraud (J.) et Cie*, Paris (France).

Ces émailleurs présentent des pièces de vente courante à côté de pièces artistiques où la flore, interprétée dans le goût moderne, contribue à produire de charmants effets décoratifs; à signaler dans ce genre deux cylindres ornés de fleurs, l'un sur un fond bleu vert et l'autre sur un beau fond pourpre.

Les objets de formes les plus diverses, depuis des plaques peintes jusqu'à de coquettes bonbonnières, enrichies de beaux émaux transparents, figuraient dans cette intéressante exposition.

---

### *MM. Belleck, Pottery Works, limited*, Fermanagh (Irlande).

Cette fabrique est une des rares qui expose de la porcelaine tendre phosphatique. La tonalité générale de ses produits est d'un jaune ivoire très marqué. Les divers objets présentés sont faits avec soin; ce sont des services de table, des pièces d'étagères, des corbeilles découpées à jour, des vases ornés de fleurs en relief. Les formes et les ornements de la plupart des pièces exposées gagneraient à être allégis et simplifiés.

---

### *M. Jean (Georges)*, les Essarts-le-Roi (France).

M. Jean (Georges) pratique avec habileté l'art de l'émailleur et sait mettre à profit toutes les ressources qu'on peut en tirer pour produire de beaux effets.

Parmi les pièces composées avec goût et bien exécutées qu'il exposait, on remarquait un joli plateau décoré de fleurs ornementales aux couleurs fraîches s'enlevant harmonieusement sur un fond clair très délicat.

---

### *M. Seifû (Yohei-Seizan)*, Kioto (Japon).

M. Seifû présente, entre autres belles pièces, un vase de bonne forme recouvert d'un joli ton céladon, très probablement obtenu avec de l'oxyde de chrome; un vase blanc bien décoré en bleu de four, un autre orné sur fond crème d'un décor blanc, et une belle pièce revêtue d'une couverte ferrugineuse bronzée, sillonnée de coulures rousses d'un très joli aspect.

---

### *MM. Blanchard frères*, Limoges (France).

MM. Blanchard, qui ont récemment succédé à leur père, exposent diverses pièces fabriquées avec soin, mais surtout des services à thé et à café; plusieurs d'entre elles sont décorées en bleu au feu de four et recouvertes de riches dorures; d'autres sont peintes habilement au feu de moufles. Ces décors, bien qu'agréables à voir, gagneraient en général à être un peu simplifiés. Une des pièces les plus satisfaisantes de cette exposition est une soupière à fond bleu clair sur laquelle s'enroulent des rinceaux faits de bleu foncé et d'émail vert turquoisé; l'ensemble est d'un bel effet.

---

### *MM. Heubach frères*, Lichte-bei-Wallendorf (Allemagne).

Cette maison, fondée en 1820, expose des peintures sur porcelaine et une grande variété de pièces dans le goût moderne; les fleurs en relief qui ornent certains de ces objets forment au bord supérieur une découpure assez agréable d'aspect. On remarque aussi dans cette exposition des vases décorés de pâte blanche rapportée sur fond rose au chrome; pour diminuer le prix de revient des pièces faites par ce beau procédé de décoration, mais coûteux quand on le fait à la main, on se sert ici du moulage en deux pâtes et l'on ne fait à la main que quelques retouches.

---

### *Gouvernement coréen*, Séoul (Corée).

Cette exposition est composée de belles pièces anciennes et modernes qu'il est assez difficile de distinguer les unes des autres. Ce sont des coupes, des jattes, des vases ornés de bleu sous couverte céladon obtenu à l'aide de l'oxyde de fer, toutes pièces remarquables par leur belle simplicité; quelques unes d'entre elles, décorées d'ajourages, prennent un aspect de légèreté qu'on n'est pas habitué à rencontrer dans les porcelaines coréennes.

---

### *M. Namikawa (Sosuké)*, Tokio (Japon).

M. Namikawa expose des porcelaines et des grès revêtus de diverses couvertes, parmi lesquelles on remarque de beaux flammés, des rouges puissants et fixes, des rouges de cuivre sous couverte employés en décoration, et, si les cent couvertes annoncées par l'exposant ne figurent pas toutes ici, celles qu'il présente sont fort belles et déjà très nombreuses.

---

### *M. Mukaï (Wahéi)*, Yehimé-Ken (Japon).

Cet exposant tire d'agréables effets décoratifs d'un procédé simple, il grave à une faible profondeur dans ses porcelaines de fins dessins bien composés, il les noie ensuite sous des couvertes légèrement colorées; les vases et tasses ainsi obtenus ont un charme tout spécial.

---

### M. Mawatari (*Toshirô*), Kobé (Japon)

Parmi les jolis porcelaines décorées, les vases, les assiettes, les brûle-parfums et les divers objets présentés par cet exposant, un beau vase bien enveloppé de bandes d'ornements bleu et rouge dans le goût classique japonais méritait surtout de fixer l'attention.

### Manufacture royale bavaroise, Nymphenburg (Bavière).

Cette fabrique, la plus ancienne de Bavière, est aujourd'hui dirigée par M. Al. Baüml, qui cherche à lui rendre son ancien renom en revenant à son ancien genre; sa production consiste surtout en pièces de service, statuettes, objets divers décorés luxueusement de peintures de fleurs ou de fruits et de riches dorures d'après les modèles du passé; néanmoins, on remarque sur plusieurs pièces de louables tentatives d'ornements tirés de la stylisation des plantes, et aussi quelques décors de pâte sur pâte au grand feu.

### MM. Bauer-Rosenthal et Cie, Kronach (Allemagne).

La maison Bauer-Rosenthal et Cie présente surtout des porcelaines colorées dans la masse où l'on voit surtout le vert, le vert bleu et le rose changeant produit par l'acide chrome alumineux; les vases décorés de figures en relief faites d'après les modèles de MM. Oppel, Hidding, de Berlin, et Vetter, de Lucerne, glacés de couvertes très minces, souvent légèrement irisées, ont un aspect satisfaisant dans leur ensemble.

### MM. Dressel, Kister et Cie, Passau (Bavière).

La principale fabrication de cette maison est celle des statuettes ou d'objets divers presque toujours ornés de figures légèrement teintées, mais la plupart du temps sans aucun émail; quelques modèles de cette maison sont dus à des artistes modernes. L'exécution des pièces présentées par ces exposants est soignée, et les traces des coutures de moulage sont enlevées avec beaucoup d'habileté.

### Fabrica de Vista Alegre, Aveiro (Portugal).

Cette manufacture, fondée en 1824, par José Ferreira Pinto Bastos, est la seule en Portugal qui fabrique de la porcelaine. Dans la composition de la pâte entrent le kaolin de Val-Rico et le feldspath de Mangualde, produits du sol portugais. La fabrique de Vista Alegre produit toutes sortes de pièces de service et de nombreux objets de fantaisie.

Cette usine, qui a eu de grandes difficultés à vaincre, est en progrès; mais il lui reste encore à se perfectionner, tant pour les pâtes que pour la partie décorative, comme l'écrit M. Lepierre, professeur à l'école Brotero, à Coimbre, dans une très remarquable étude sur la céramique portugaise, ouvrage qui certainement aura une heureuse influence sur le développement de cette industrie au Portugal.

### *M. Watano (Kitiji)*, Yokohama (Japon).

Cette exposition comprend de nombreuses pièces de service, assiettes, tasses, bols revêtus de décors japonais, mais souvent aussi de formes européennes; à signaler, parmi ces pièces, un beau décor gris et or sur fond blanc, un vase rouge mat rehaussé d'or et un vase de belle tenue, orné en bleu sous couverte.

### *M. Matsumoto (Sahéi)*, Ishikawa-Ken (Japon).

M. Matsumoto présente des vases, des figurines, des bols, des services à thé et à café; les ornements de ces diverses pièces sont bien dans le goût japonais et d'une bonne facture, mais la grande fréquence des formes européennes indique la préoccupation chez cet exposant de faire surtout des articles d'exportation

### *M. Takito (Manjirô)*, Nagoya (Japon).

A côté de pièces de services, de tasses, de plaques peintes, assez semblables à celles exposées par ses compatriotes et traitées avec soin, M. Takito présente de beaux vases bien décorés, soit avec un joli bleu sous couverte, soit avec du rouge de cuivre de grand feu virant plus ou moins au violet lie de vin; ces pièces sont intéressantes, mais la présence dans cette exposition de la *Vénus de Milo* et du buste d'un empereur romain en biscuit de porcelaine a défavorablement impressionné le Jury.

### *M. Yabu (Meizan)*, Osaka (Japon).

L'exposition de M. Yabu ressemble de très près à celle de plusieurs de ses compatriotes, elle s'en distingue néanmoins par de jolis vases à couverte rouge de cuivre sur laquelle on voit des coulures d'un émail d'une autre nuance, et aussi par des pièces sur lesquelles sont peints au feu de moufles des petits personnages presque microscopiques, en nombre vraiment exagéré.

### *Tiffany Glass et Decorating C$^{y}$*, New-York (États-Unis).

La compagnie Tiffany soumet à l'appréciation du Jury des objets décorés de beaux émaux lustrés à reflets irisés; ces pièces avaient tout le charme qu'on est accoutumé à rencontrer dans les produits de cette importante maison.

### *École des Arts et Métiers*, Quito (Équateur).

Comme cette école présentait, parmi des poteries de diverses natures, des porcelaines convenablement décorées, on peut rapporter ici la décision du Jury, qui a décerné à cet établissement une médaille d'argent pour l'ensemble de ses intéressants travaux.



IMPRIMERIE NATIONALE.

## CHAPITRE II.

### GRÈS, CARRELAGES ET REVÊTEMENTS.

Le grès-cérame doit être dur, sonore, opaque, légèrement vitrifié dans sa masse et, de ce fait, imperméable aux liquides, sans le secours d'aucun vernis.

Le grès, d'après ces propriétés, se rapproche de la porcelaine; il ne lui manque que la transparence et la blancheur pour lui être identique.

On peut, dans les grès, distinguer deux variétés assez nettes : 1° les grès formés d'argiles donnant naturellement une poterie imperméable après cuisson; 2° les grès obtenus avec des pâtes rendues légèrement fusibles par addition de matières feldspathiques.

La première variété est employée pour la fabrication des tuyaux, cruchons, poteries, etc., et des pièces d'art ou d'architecture; la seconde pour les carrelages, revêtements décoratifs, etc.

Les argiles naturelles à grès sont assez répandues, et c'est avec elles qu'ont été fabriqués les grès du Nivernais, du Beauvaisis, de Normandie, de Cologne, du duché de Nassau et autres lieux, tant en France qu'en Allemagne.

Avant l'apparition de la porcelaine, le grès servait non seulement à produire un grand nombre d'objets usuels : cruches, écuelles, bouteilles, jattes, etc., mais aussi des pièces artistiques dont de beaux spécimens sont conservés dans nos musées.

La fabrication du grès était alors des plus simples; la pâte, provenant directement du sol, était cuite dans des fours couchés analogues à ceux des Chinois; l'émaillage se faisait par la volatilisation de sel marin jeté dans les foyers du four à la fin des cuissons; les décors se composaient d'ornements en reliefs rehaussés de bleu de cobalt et de violet de manganèse, et quelquefois aussi de couleurs de moufles.

Bien des potiers de grès suivent encore de nos jours ces simples et antiques errements pour fabriquer cruches, bouteilles, jarres, saloirs, etc.

Le grès ne devient un produit de grande industrie que lorsque sa dureté, son imperméabilité aux liquides, sa résistance à l'action des acides le font choisir pour fabriquer les conduites d'eau, les divers appareils employés dans les usines de produits chimiques et les différents ustensiles dits *hygiéniques* ou *sanitaires;* alors les manufactures de grès prennent un grand développement; les perfectionnements les plus récents pour une fabrication sûre et rapide y sont introduits; les tuyaux se font à la presse; les cuissons s'opèrent dans des fours continus; néanmoins, le vernissage continue à se faire, à quelques exceptions près, toujours par le salage.

Les Anglais d'abord, les Belges et les Allemands ensuite fabriquèrent avec perfection ces grès si importants pour l'hygiène et l'industrie chimique; aujourd'hui, d'habiles fabricants français produisent ces diverses pièces en grès-cérame de façon à lutter victorieusement contre la concurrence étrangère qui avait pris chez nous une place trop importante.

La seconde variété de grès, celle composée, comme nous l'avons dit, d'argile plastique et de matières feldspathiques fusibles est, en général, de couleur claire, presque blanche, ce qui permet de le colorer dans la masse des tons les plus divers. Ce grès spécial est quelquefois employé à la fabrication de poteries, mais il est surtout utilisé à celle des carreaux pour dallages, revêtements et mosaïques. Ces carreaux sont, en général, façonnés par compression à sec, soit avec une seule pâte pour les dallages ordinaires, soit, pour les carrelages riches, avec diverses pâtes colorées distribuées dans des moules suivant les contours et les nuances du dessin qu'on veut reproduire.

Ces grès-cérames pour carrelages sont fabriqués avec un grand soin dans de puissantes usines où tous les progrès faits par les arts céramiques jusqu'à nos jours sont mis à profit.

L'industrie des grès pour carrelages forme aujourd'hui une branche très importante de la céramique, elle présentait à l'Exposition de beaux spécimens de dallages, carrelages et mosaïques, exécutés d'après des dessins souvent fort beaux.

Dans ces dernières années l'application du grès à la fabrication de matériaux de construction a pris un certain développement.

Le grès, par son imperméabilité à l'eau, qui assure sa non-gélivité, par sa facilité relative de façonnage, est certainement de tous les produits céramiques celui qui convient le mieux à la construction des édifices sous notre climat où les gelées sont fréquentes. Aussi y a-t-il longtemps que le grès a été employé à cet usage; à l'Exposition de 1855 figuraient déjà des colonnes, des balustres, des couronnements, des faîtages; mais ces pièces étaient, la plupart, faites d'après la technique suivie pour la fabrication des tuyaux de conduite et des cruchons, c'est-à-dire que le vernisssage était obtenu presque exclusivement par salage.

Aujourd'hui on ne se contente plus de se servir du grès pour façonner quelques pièces accessoires destinées à un bâtiment, on tend à le faire participer tout à fois à la construction proprement dite et à la décoration architecturale.

Pour remplir cet intéressant programme dans son ensemble, la polychromie devenait nécessaire; les quelques tons obtenus par le salage ne suffisaient plus, et l'on dut recourir à des couvertes colorées, analogues à celles de la porcelaine, pour donner aux grès les tons les plus variés; néanmoins, pour lui conserver son aspect robuste et mâle, on en diminua le glacé. Souvent même ces couvertes colorées et mates ne sont que des matières naturelles ou des résidus de l'industrie, tels que les laitiers, les scories de hauts fourneaux, les laves, les basaltes, les pierres ponces.

La fabrication de ces grès se fait en une seule cuisson au grand feu; on moule la pièce, on l'émaille sur cru, on la soumet à la cuisson et la pièce est acquise.

Cette technique simple est celle qu'avait suivie le sculpteur Carriès, pour fabriquer sa porte ornementale et les jolis vases en grès qui contribuèrent tant à mettre en relief tous les beaux effets qu'un artiste de talent peut tirer du grès.

Nous trouverons parmi les exposants quelques continuateurs et un certain nombre d'imitateurs de Carriès. Ces derniers sont déjà bien nombreux, et il est à craindre qu'il n'arrive, pour ces grès à couvertes flammées ou autres, ce qui est arrivé il y a quelques années pour la *barbotine;* trop facile à fabriquer, elle fut exploitée par tout le monde, trop souvent sans aucun art; et rapidement elle disparut, malgré ses belles qualités, dépréciée par l'abus qu'en firent des personnes inconscientes et maladroites.

Il ne faut pas que les imitateurs de Carriès oublient que même dans un grès flammé — qu'on aurait tort de considérer comme un simple hasard de cuisson — le talent de l'artiste doit se faire sentir.

La technique de grand feu n'est pas toujours appliquée à la fabrication des grès; quelquefois les pièces, après avoir été cuites au four, sont décorées au feu de moufles avec des émaux plombeux ou boraciques. Les grès obtenus par cette technique sont certainement moins résistants aux intempéries que ceux faits directement au grand feu.

Tous les grès, ou mieux tous les produits qu'on présente sous ce nom, ont-ils l'imperméabilité qui caractérise cette belle et solide matière? Je n'oserais le garantir; il est à supposer que plusieurs d'entre eux devraient plutôt être classés par leurs propriétés générales parmi les terres cuites à haute température que parmi les grès proprement dits.

## HORS CONCOURS.

### *Doulton's Limited,* Londres (Grande-Bretagne).

La très importante maison Doulton ne participait pas au concours à cause de la présence de M. Farquhar (C. W.), son directeur, parmi les membres du Jury de la Céramique.

La Société Doulton s'est d'abord fait connaître par sa belle fabrication de grès industriels : tuyaux, touries, etc. C'est pour cela que, bien qu'elle fabrique tous les genres de céramique : porcelaines, faïences fines, terres cuites, tuiles, nous continuons à la ranger parmi les producteurs de grès.

La maison Doulton s'est rapidement développée; à peine mentionnée en 1855, elle possède maintenant plusieurs usines, situées en plusieurs contrées de l'Angleterre, à Lambeth près de Londres, à Burslem (Staffordshire), à Smethwick près de Birmingham, à Sainte-Hélène, près de Liverpool.

Doulton et C^ie^ ont été des premiers à se servir du grès pour fabriquer des objets d'ornementation et les pièces d'art qu'ils exposèrent en 1878 et en 1889 eurent un grand succès.

Les produits divers de la maison Doulton étaient réunis à cette Exposition dans un pavillon construit en grès émaillés et en faïence. Cet édifice n'était guère favorable aux objets exposés, il leur nuisait plutôt, car il diminuait la lumière en un endroit où elle était déjà insuffisante.

Une des parois intérieures de ce pavillon était décorée d'une frise en carreaux céramiques, peinte d'après les dessins de M. Pearce en couleurs mates, ce qui lui donnaient un fort joli aspect de fresque. Parmi les nombreuses et belles pièces des fabrications les plus variées, on remarquait un grand vase, enrichi d'anses, décoré d'un motif peint dans un grand cartel, et aussi un beau vase de forme simple orné d'une scène pastorale ayant pour cadre un paysage aux grands horizons.

A côté de ces pièces d'ornements, MM. Doulton et C^ie^ présentaient des services en faïences fines décorés de charmants dessins bleus, de gravures ou de reliefs faits dans la pâte et rehaussés de jolies couvertes brunes; de somptueux services en porcelaine phosphatique ornés de belles peintures de figures et de fleurs; un service simplement blanc et or, à ornements moulés dans la pâte, était particulièrement remarquable.

Les établissements Doulton fabriquent avec une très grande habileté toutes les céramiques depuis le tuyau de grès le plus ordinaire jusqu'à la pièce la plus fine de porcelaine anglaise, et il serait difficile de dire dans quelle branche ils sont le plus habiles. On peut répéter aujourd'hui ce que disait le rapporteur de 1889 : «La maison Doulton, toujours admirablement dirigée, est une institution modèle», car cet éloge est resté mérité.

---

## *Société des produits céramiques et réfractaires de Boulogne-sur-Mer* (France).

Cette Société, qui possède de grandes usines à la Verte-Voie près de Boulogne, est administrée par M. Eugène Altazin, qui, en sa qualité de membre du Jury, la mettait hors concours. Les divers produits de cette importante fabrique étaient présentés dans une construction d'ensemble en forme de terrasse.

Soubassement, parvis, balustrades, pilastres, main-courante, composant l'entourage de l'emplacement de cette exposition, escalier conduisant par cinq marches à la plate-forme où se trouvait une cheminée monumentale, toutes ces pièces étaient en grès d'un ton crème, glacé ou mat. Deux vases en grès et deux sphinx d'aspect bronzé complétaient l'ornementation de la balustrade qui fermait la terrasse dont le sol était pavé en carreaux faits d'un grès gris très dur.

Là, étaient exposés les produits des différentes fabrications de la Société de Boulogne-sur-Mer : des tuyaux de conduite en grès salés, gris et bruns de grand diamètre, des appareils sanitaires, de formes souvent très compliquées; des briques, des carreaux, des bordures de trottoirs en grès très résistant, des cornues à gaz, des sommiers pour fours de verrerie, etc., en terre réfractaire. Toutes ces pièces sont très bien fabriquées, avec une matière de belle qualité. On voyait aussi quelques tentatives d'objets décorés d'émaux et de reflets métalliques, mais ces pièces passaient presque inaperçues parmi les grandes et belles pièces de fabrication courante qu'exposait cette maison.

Quoique de fondation récente (1877), cette société a pris une place importante dans la céramique française. Elle occupe aujourd'hui un personnel de plus de 400 ouvriers et dispose d'une force motrice de 300 chevaux et de 80 fours divers.

Admirablement placée pour le commerce, sur le chemin de fer du Nord et sur le port de Boulogne, à proximité de gisements de terres de belles qualités, ayant de forts capitaux à sa disposition, bien administrée commercialement et industriellement, cette usine devait réussir.

---

## *Société anonyme des carrelages céramiques de Paray-le-Monial* (France).

M. H. Boulenger faisant partie de la Société de Paray-le-Monial, cette société anonyme a été classée hors concours.

Elle présentait un grand carrelage qui était placé à l'entrée du Palais de la céramique; ce beau pavage, fort bien exécuté d'après un bon dessin, était d'une couleur agréable.

Peut-être eût-il gagné à être simplifié; l'effet général eût été, il est probable, encore meilleur, si l'on avait moins multiplié les différents tons bleu verdâtre qui composaient des feuilles ornementales.

Les moules ou réseaux en métal exposés à côté des pièces fabriquées montraient quelle précision et quels soins doivent présider à la fabrication d'un carrelage de cette importance.

Un autre carrelage, composé d'une rosace bien dessinée et exécutée en tons clairs, était d'un très bel aspect, bien qu'obtenu plus simplement que celui de l'entrée des galeries de la céramique.

M. Charnoz est l'habile directeur de l'usine de Paray-le-Monial.

---

## *MM. Bocu frères,* Louvroil-lèz-Maubeuge [Nord] (France).

La maison Bocu frères, fondée en 1863, avait obtenu pour sa belle fabrication de carreaux en grès-cérame un grand prix en 1889; cette année elle est hors concours par suite de la présence dans le Jury de la Céramique d'un de ses sociétaires, M. le baron Gérard Nothomb.

L'établissement de Louvroil fabrique spécialement les carreaux pour pavages et revêtements incrustés, vernissés ou non. Ces carreaux de grès sont obtenus en comprimant fortement à la presse hydraulique de mélanges de terres sèches.

Les plus grands soins sont apportés à la composition des terres et à la cuisson, pour garder aux produits fabriqués la régularité de forme et la dureté qui ont fait le renom des carreaux de Maubeuge.

L'usine de Louvroil est, depuis 1877, très habilement dirigée par M. Fernand Hamoir, ingénieur des arts et manufactures.

Cette usine est constamment à la recherche des perfectionnements à apporter à ses procédés de fabrication et des améliorations à introduire dans la composition de ses carrelages et revêtements.

La maison Boch frères présentait un grand panneau orné de deux figures grandeur nature : le Commerce et l'Industrie. Ce travail, exécuté sans moules en réseaux métalliques, suivant un procédé spécial, était un beau spécimen de décoration murale indestructible. Des échantillons de carreaux polychromes fort bien fabriqués formaient l'encadrement de ce joli panneau.

MM. Boch frères, pleins de sollicitude pour leur nombreux personnel, ont cherché tous les moyens d'en augmenter le bien-être; ils ont fondé des cités ouvrières, établi une caisse de secours, une caisse d'épargne et une caisse de retraite.

---

## *M. Mérand (Georges)*, Paris (France).

M. Mérand (Georges), comme membre du Jury de la Classe 54, mettait hors concours la fabrique de l'Isle-Adam, qui exposait des vases en grès revêtus de couvertes à coulures de tons variés, de couvertes flammées et de reflets métalliques, ainsi que quelques pièces de sculptures exécutées soit en grès, soit en faïence. Mais le produit spécial de cette maison est la porcelaine d'amiante appliquée, cuite en dégourdi à la fabrication de filtres pour la purification des eaux et la clarification de liquides divers; des tubes de plus de deux mètres, fabriqués en cette pâte d'amiante, figuraient parmi les nombreuses pièces de formes diverses destinées à la filtration des liquides.

---

## GRANDS PRIX.

## *MM. Bigot et C^ie (Alexandre)*, Paris (France).

M. Bigot présente pour la première fois ses produits dans une exposition universelle et il obtient un grand prix pour sa belle fabrication. M. Bigot n'est cependant pas un nouveau venu; il avait su déjà attirer l'attention sur ses céramiques dans diverses expositions nationales, aux salons du Champ de Mars par exemple, où il avait exposé plusieurs fois des pièces en grès exécutées d'après des œuvres de sculpteurs de mérite; de ce fait, les grès flammés de Bigot étaient déjà connus et appréciés. M. Bigot est un docteur ès sciences qui s'est voué par goût à la céramique; ses études scientifiques terminées, il s'est instruit lui-même dans l'art de la terre; il a préparé ses pâtes et ses couvertes, façonné ses pièces, conduit ses cuissons dans un petit four qu'il avait construit. Ses premiers grès tasses, jattes, petits vases revêtus de couvertes colorées demi-mates, furent très admirés et les artistes, qui trouvèrent sa matière pleine de charmes, lui demandèrent de l'appliquer à l'interprétation de leurs œuvres. Il dut alors agrandir son four, appeler des ouvriers à son aide pour façonner des pièces qu'il ne pouvait plus, vu leurs dimensions, exécuter seul.

Son atelier d'amateur se transforme en une petite fabrique; bientôt les architectes veulent aussi avoir recours aux grès émaillés pour décorer leurs constructions, les commandes augmentent, et la petite fabrique devient en 1897 l'usine de la Société Bigot et C^ie^ située à Mer (Loir-et-Cher), d'où sont sorties les belles et nombreuses productions qui ont figuré à l'Exposition universelle.

Toutes les pièces de la Société Bigot, présentées en un ensemble charmant, font partie de bâtiments qui ont été réellement édifiés dans Paris d'après les projets d'habiles architectes, épris des belles qualités décoratives du grès-cérame. Ce sont des pilastres, des colonnes, des voussoirs, des balustres, des rampes d'escalier, des cheminées, des revêtements, des briques en grès émaillés jolis de formes et de couleurs et fort bien fabriqués. Toutes ces pièces sont ornées de couvertes de tons variés appliquées sur le cru, de sorte que pâte et couverte cuisent en un seul et même feu, suivant la vieille technique qu'on devrait toujours conserver pour la fabrication du grès.

A côté de ces pièces architecturales, de jolis vases, de gracieuses statuettes, des pièces d'étagères complétaient l'exposition des grès Bigot.

En dehors de la salle de Classe 72, on trouvait encore des produits de cette fabrique; de grands vases ornementaux, une fontaine-applique dessinée par M. Lavirotte, la frise de la Salle des Fêtes et la remarquable frise des animaux de la Porte monumentale de la place de la Concorde toutes ces belles productions sortent des ateliers de la maison Bigot.

## *MM. Utzschneider et C^ie^*, Digoin (France).

Les fabriques de Digoin et de Vitry-le-François sont des succursales de la puissante faïencerie de Sarreguemines. La création de ces usines a été une conséquence de l'annexion de l'Alsace-Lorraine et des droits établis sur les produits de la manufacture de Sarreguemines à leur entrée en France.

La fabrique de Digoin fut construite en 1876, dans le but de n'y exécuter que les produits ordinaires vendus en France, et qui, vu leur bas prix, ne pouvaient supporter les droits de douane; elle livra ses premières faïences en 1878. Sa fabrication s'accrut rapidement; elle produisit bientôt une grande quantité de faïences, de services décorés par impression et par peinture faites sur et sous couverte.

La faïencerie de Digoin, dirigée par M. de Jubécourt, ingénieur des arts et manufactures, avait alors à son service cinq fours à biscuit de 7 mètres de diamètre et huit fours à émail de 6 mètres. En 1893, les ateliers s'agrandissent et on construit quatre nouveaux fours à biscuit de 6 mètres de diamètre et six fours à émail de 5 mètres, destinés à la fabrication des pâtes dites *china*, des pâtes à feu jaunes et brunes, des majoliques aux émaux colorés et des poêles et cheminées en faïence blanche et polychrome; dès 1895, ces nouveaux ateliers sont en pleine activité.

Nous n'avons parlé jusqu'ici que de fabrication de faïences fines, bien que nous ayons classé la société de Digoin parmi les fabricants de grès. Si Digoin est porté parmi les fabricants de grès, c'est que son exposition à la Classe 72 était surtout composée de grès. Depuis 1898, on a en effet installé à Digoin la fabrication d'un grès connue sous le nom de *grès de Revernay;* ce grès, très dur, est utilisé non seulement pour fabriquer des revêtements et des pièces architecturales absolument inaltérables par l'action des influences atmosphériques, mais aussi pour la production d'objets d'art; c'est M. Aucler qui s'occupe très habilement de la fabrication des grès de Revernay.

La maison de Digoin présentait à l'Exposition, outre un grand panneau en faïence polychrome représentant des pavots et des œillets peints à l'aide d'émaux juxtaposés sans cloisons, une quantité de pièces de grès, une cheminée émaillée d'une couverte mate d'un ton gris verdâtre, une grande jardinière du même ton, une série de bustes, de sculptures très réussis, et des vases bien exécutés, parmi lesquels on voyait des rouges flammés et des reflets métalliques.

La faïencerie de Digoin, qui fabrique 15,000 kilogrammes de faïences par jour, avec 1,800 ouvriers, n'était pas représentée dans la Classe 72 de façon à donner une idée de la puissante production de cette très importante maison.

La fabrique de Vitry-le-François, qui est de fondation toute récente, exposait dans une autre classe des panneaux décoratifs très brillants de couleur.

---

## *M. Delaherche (Auguste)*, Paris (France).

M. Delaherche a été un des premiers parmi les céramistes français à diriger le grès dans la voie artistique où on se plaît à le voir aujourd'hui.

Dès 1889, renonçant aux grès décorés dans le genre de ceux faits par Ziégler vers 1839, et quittant les procédés de M. Chaplet dont il venait de reprendre la fabrique de Vaugirard, M. Delaherche exposait des grès pour la décoration desquels il cherchait tout l'effet par un accord bien compris de la forme et de la couleur; il réussit et obtint un légitime succès qui lui valut à cette époque une médaille d'or.

M. Delaherche est constamment resté fidèle au grès; toutes ses productions artistiques sont en cette belle et robuste matière, que ce soient des vases, des revêtements ou des entourages de cheminées monumentales. Le grès qu'il emploie est d'une belle pâte fine, le plus souvent d'un brun rouge, d'un grain serré et brillant après cuisson; ses nombreuses couvertes, riches de tons, sont ou mates ou glacées, suivant l'usage auquel il les destine.

Les formes de ses pièces, toutes de sa création, sont simples et d'une belle tenue; elles sont étudiées avec le plus grand soin, de façon à ce que les couvertes dont elles seront ornées viennent, en les enveloppant de tons divers, compléter l'œuvre qu'il a conçue.

M. Delaherche ne laisse qu'un rôle très effacé aux hasards du feu; les anses, les nervures, les gaudrons qu'il dispose sur ses vases servent non seulement à les décorer, mais encore à diriger les couvertes dans leurs coulées et à les obliger, malgré leur allure vagabonde, à produire les effets qu'il attend.

Parmi les différentes pièces exposées, on remarquait de grands vases rouges de cuivre, des vases à couverte jaune mate claire, rehaussée de coulures bleues claires; d'autres avec une couverte d'un beau noir brun, parsemé de petits cristaux moirés d'un très bel effet; un autre, d'allure gallo-romaine, revêtu d'un très joli ton bleu; une jolie frise décorée d'iris et, enfin, de superbes carreaux de revêtement rouge de cuivre, flambés de bleu.

Dans toutes ces productions de M. Delaherche, on sent tout à la fois la volonté de l'artiste et l'habileté du céramiste, bien maître de son métier.

---

### M. Dammouse (*Albert*), Sèvres (France).

M. Dammouse est un habile céramiste, mais c'est avant tout un artiste. Fils d'un sculpteur de la Manufacture nationale de Sèvres, il a pris goût à la céramique dès sa jeunesse ; déjà de ses œuvres figuraient à l'Exposition de 1878.

M. Dammouse, qui s'est intéressé à tous les genres de céramiques d'art, s'est d'abord occupé de la porcelaine. Il dut ses premiers succès aux jolis camées faits par application de pâte blanche sur des fonds bleu, céladon ou gris que la porcelaine dure mettait à sa disposition.

Ce sont ces porcelaines décorées de pâte sur pâte exécutées avec une extrême habileté, d'après ses jolies compositions qui valurent à M. Dammouse une médaille d'or en 1889.

Bien qu'il sût plus que tout autre tirer des effets relativement puissants et harmonieux de la palette restreinte et plutôt pâle des couleurs de grand feu de porcelaine dure, M. A. Dammouse sentit bientôt que, pour exprimer ses conceptions artistiques, il avait besoin d'une palette plus riche et plus vive, il entreprit alors la fabrication de la faïence stannifère et celle du grès.

En artiste de goût, il traite tout différemment ces deux matières de natures si différentes; il crée en faïence de jolis services qu'il décore sur cru de coquettes peintures; il garde au grès son aspect robuste tout en lui donnant, au grand feu, des colorations franches et vigoureuses.

Le grès prend peu à peu plus d'importance dans les productions de M. Dammouse; en outre des vases et des plats ornés de décors qui lui sont bien personnels, il fabrique des épis de faîtage de pièces de construction et des panneaux décoratifs d'une très belle venue.

Nous trouvons dans son exposition de beaux vases bien conçus pour tirer de la matière le meilleur parti possible, tant pour la forme que pour la coloration; nous y remarquons un pot orné de fleurs blanches et rouges sur un fond gris bleu, des pièces de sculpture d'une belle allure, comme le buste de Richelieu à la robe rouge et la superbe tête de vieillard à longue barbe, d'après un modèle de M. Michel.

M. Dammouse exposait également des pièces faites en une matière spéciale qu'il nomme *pâte d'émail*. Cette pâte, qui est faite d'émail pulvérisé, ne se rattache à la céramique que par son mode de façonnage qui est le moulage ordinaire à froid. Cette pâte d'émail, très analogue à la pâte de verre de M. Cros, permet d'obtenir des objets remarquables par la finesse et la douceur de leurs colorations.

Parmi les pièces en pâte d'émail, toutes pleines de charmes, un gobelet d'un ton brun délicat, orné d'un frais décor vert bleu, produisait un effet des plus séduisants.

Quelle que soit la matière que M. Dammouse mette en œuvre, on sent toujours qu'elle est dirigée par un véritable artiste.

---

## MÉDAILLES D'OR.

### M. Cazin (*Michel*), Paris (France).

M. Cazin est un artiste qui consacre par goût son talent à la céramique; ses poteries bien fabriquées sont toujours des œuvres personnelles.

Les pièces originales et purement décoratives exposées par M. Cazin ont des colorations diverses, mais en général elles sont de tons unis obtenues, pour la plupart, dans la pâte du grès lui-même, et avivées par la couverte transparente qui les recouvre. Cette couverte très mince laisse aux ornements sculptés toute leur finesse, sans jamais les empâter.

Parmi de fort beaux vases, un pot de ton verdâtre, orné de feuilles et pommes de pin, et un autre d'un joli ton bleu clair, entièrement entouré de feuilles très finement modelées, étaient très remarqués.

A citer aussi dans cette exposition de charmants objets de fantaisie, tels qu'un poisson gris bleuâtre et un crabe gris blanc très bien réussis.

Le goût qui présidait à la composition et à la décoration de ces pièces d'art, leur bonne exécution, les qualités de la matière employée rendaient très intéressante l'exposition de M. Cazin.

---

### *M. Dalpayrat (Adrien) et Mme Lesbros (Adèle)*, Bourg-la-Reine (France).

Cette maison se présente pour la première fois à une exposition universelle avec ses rouges déjà si connus par des expositions locales antérieures. Pour montrer la sécurité avec laquelle ces céramistes obtiennent ces pièces, ils ont fabriqué deux énormes vases de près de 2 mètres de haut, recouverts de couverte rouge de cuivre.

Nous trouvons ici sur des formes nouvelles, dont quelques-unes sont ornées de sculptures de M. Voisin-Delacroix, toutes les variétés de tons que donne le cuivre dans une couverte, selon l'état de l'atmosphère dans laquelle elle se vitrifie; ce sont des rouges passant au vert par places, des verts sombres, du violet aubergine, des bleus, des turquoises.

Malgré la diversité de ces colorations, on sent que ces couvertes sont de même famille, et il en résulte une uniformité d'aspect qui tend à nuire à l'ensemble de cette exposition.

---

### *M. Jeanneney (Paul)*, Saint-Amand-en-Puysaie [Nièvre] (France).

M. Jeanneney, grand amateur du grès, a voulu en fabriquer lui-même et il s'est installé dans la Puysaie, centre de production de cette belle matière.

Toutes ses pièces sont directement acquises au grand feu; sa pâte fine donne après cuisson un beau grès gris, d'un grain bien serré. La plupart de ses couvertes, qui ont une jolie matité, sont composées à l'aide de laitiers, de scories de forges ou de produits naturels diversement colorés.

M. Jeanneney sait obtenir, avec ces simples matières, sur des formes bien établies et décorées sobrement de gravures, des nuances très variées telles que le jaune franc, sur lequel apparaissent des traînées vertes ou bleuâtres, le vert bronze, le gris verdâtre, le gris bleu et un riche brun rouge.

Toutes ces couleurs se marient harmonieusement entre elles et donnent à ses grès un bel aspect, tout à la fois robuste et précieux.

Non seulement cette exposition contenait une collection importante d'objets bien réussis de moyenne dimension, il y figurait aussi des pièces de grande dimension; deux grands oiseaux fantastiques et une belle coupe à couverte rougeâtre montraient que M. Jeanneney est en même temps un artiste de goût et un fabricant habile.

---

### *M. Scharvogel (J.-J.)*, Munich [Bavière] (Allemagne).

L'exposition de M. Scharvogel est surtout composée d'objets d'art en grès-cérame. La plupart des pièces présentées par cet exposant sont conçues dans le goût moderne et décorées de couvertes flammées ou à coulures.

On y remarquait deux grands vases ornés d'une couverte de grand feu d'un très bel effet, de jolies petites pièces à décors verts et bruns, une série de rouges flammés fort bien réussis et surtout un beau cache-pot exécuté au grand feu d'après les dessins de l'exposant.

Une assiette faite d'après un modèle de M. Habich et décorée sous couverte se faisait remarquer parmi les objets de cette intéressante exposition.

## *MM.* DE SMET *(Léon) et C^ie^,* Canteleu-Lille [Nord] (France).

La Société DE SMET et C^ie^ a été fondée en 1882 pour fabriquer des carreaux en grès-cérame, destinés aux carrelages et aux revêtements; elle est gérée par MM. Léon de Smet et René van Overstraeten.

L'usine de Canteleu, qui obtint une médaille d'argent à l'Exposition universelle de 1889, s'est très rapidement accrue et elle est aujourd'hui munie de l'outillage le plus récent et installée pour une production annuelle de plus de 90,000 mètres carrés de carreaux de grès.

Cette maison fabrique, outre les carreaux polychromes pour dallages, des carreaux de revêtement en grès émaillé et toutes les pièces spéciales pour les encadrements, comme gorges, plinthes, moulures, pilastres, colonnes, chapiteaux, etc.; elle possède, de plus, des ateliers destinés à la fabrication des mosaïques en grès.

Les différents produits de cette Société étaient exposés avec goût; sur une grande surface murale se trouvaient un grand panneau en mosaïque en grès mat, représentant la *Charité,* sous les traits d'un ange aux ailes déployées protégeant un groupe d'enfants; à droite et à gauche de ce panneau étaient deux sujets décoratifs, les chardons et la vigne vierge; le tout était encadré de motifs architecturaux en grès émaillé. Au bas de ce revêtement décoratif étaient disposés, sur la surface horizontale, un carrelage polychrome formant un joli dessin de tapis ainsi que des échantillons des diverses fabrications de la maison.

Cette usine, dont les produits sont bien étudiés et exécutés avec soin, occupe aujourd'hui plus de 250 ouvriers, alors qu'en 1889 elle n'en avait que 100; ces simples chiffres suffisent pour faire voir combien ses progrès ont été rapides.

## *MM.* JACOB *(E.) et C^ie^,* Paris (France).

Les usines de cette société sont situées à Pouilly-sur-Saône et à Belvoye; elles ont été fondées pendant les années 1886 et 1887 en vue d'établir, en France, une fabrication de tuyaux en grès salés, analogue à celle d'Angleterre. La maison JACOB et C^ie^ a fort bien atteint le but qu'elle se proposait, et les tuyaux en grès brun salé de toutes dimensions qu'elle livre sont absolument comparables à ceux que nous étions obligés autrefois de faire venir de l'étranger; elle produit également des appareils sanitaires, des éviers, des services de toilette, des brocs, non seulement en grès, mais encore en un grès si blanc qu'il se confond avec la porcelaine d'autant plus que comme elle il est émaillé avec une couverte feldspathique.

Tous les appareils les plus compliqués destinés aux fabriques de produits chimiques, serpentins, colonnes à condensation, touries, robinets rodés, grandes jarres et bonbonnes, exposés par ces fabricants, sont très bien exécutés; beaucoup de ces pièces sont de réels tours de force au point de vue de la fabrication.

Au milieu de tous ces objets utilitaires se trouvait une vitrine dans laquelle étaient réunies une série de pièces de grès de fantaisie émaillées de couvertes mates, de rouges flambés, de couvertes cristallisées; cette collection fait voir que la préoccupation de leur grande et belle production de pièces commerciales n'empêche pas les directeurs des usines Jacob et C^ie^ de s'intéresser à tout ce qui touche à la céramique, même au point de vue décoratif.

MM. Jacob et C^ie^ avaient, en outre, hors de la Classe de la céramique, une très belle exposition dans la Classe de l'Hygiène.

---

## *MM. Simons et C^ie^*, le Cateau [Nord] (France).

M. Paul Simons, qui avait fait partie, à sa fondation, de la maison Boch frères, de Louvroil, comme directeur gérant, céda en 1868 la part qu'il avait dans cette fabrique de carreaux céramiques et créa pour son compte une usine similaire au Cateau, sous la raison sociale Simons et C^ie^.

Cette usine, où se trouvent installés les appareils et les outils les plus perfectionnés, occupe 500 ouvriers.

Les carreaux sont fabriqués en pâte sèche comprimée à la presse hydraulique; une de ces presses, dernièrement installée, peut produire jusqu'à 150 mètres carrés par jour; cette fabrique utilise onze fours à flammes renversées, de 175 mètres cubes de capacité.

Les produits exposés se composent de spécimens de carreaux unis, des formes les plus diverses, faits en pleine masse, c'est-à-dire d'une seule pâte homogène dans toute son épaisseur; de carreaux à dessins très variés, de plusieurs couleurs incrustées dans la pleine masse du carreau; d'éléments pour la mosaïque sous forme de baguettes en grès colorés, de différentes épaisseurs, pour l'exécution des dallages ou des revêtements muraux.

Un grand panneau recouvrant la paroi verticale du fond de l'emplacement de cette exposition, montrait le parti qu'on peut tirer pour les décorations murales de cette mosaïque dite *romaine*.

Des spécimens des différents genres de décors, d'après la flore, la faune, la figure humaine et les dessins géométriques, se trouvaient réunis dans ce panneau, composé par MM. Hista et Perrault, sous la direction de M. Pascal, architecte, membre de l'Institut.

Parmi les belles couleurs qui entraient dans ce revêtement, on remarquait un très joli bleu rappelant par sa fraîcheur la fritte d'Alexandrie.

La maison Simons et C^ie^ avait aussi exécuté la belle mosaïque en grès-cérame du hall elliptique du Palais des Beaux-Arts; ce carrelage de 550 mètres carrés, fait suivant les dessins de M. Thomas, architecte, et d'après les cartons de M. Hista, est le plus vaste qui ait été exécuté jusqu'ici.

L'ensemble de cette belle exposition semblait désigner ces exposants pour une récompense supérieure à celle qui leur a été attribuée.

---

## *MM. Sand et C^ie^*, Feignies près Maubeuge [Nord] (France).

Cette usine fondée en 1872 par M. Sand, ancien directeur de la maison Boch frères, de Maubeuge, exploite une importante fabrique de carreaux en grès pour dallages et revêtements unis et décorés.

Les carreaux façonnés par compression de pâtes fines à l'aide de très puissantes presses hydrauliques acquièrent, après cuisson à haute température dans des fours à flamme renversée, une très grande dureté.

Cette maison expose, outre des échantillons de carreaux de sa fabrication courante, qui, par leur réunion, donnent depuis les dessins géométriques les plus simples jusqu'aux entrelacs polychromes les plus compliqués, un revêtement vertical fait de carreaux de grès de dimensions ordinaires, représentant non plus une allégorie quelconque, mais une élégante femme moderne, une Parisienne, dit-on, bien dessinée et d'une jolie couleur claire.

Cette usine, où travaillent en moyenne 200 ouvriers, possède sept fours qui produisent annuellement 120,000 mètres carrés de carreaux de grès de fort bonne qualité.

---

*Société anonyme des produits céramiques de Rambervillers* [Vosges] (France).

La Société de Rambervillers fabrique, dans une usine très bien installée, avec les argiles de la contrée, des grès salés de bonne qualité. Sa production comprend surtout les tuyaux de grès salé pour égouts et conduites d'eau, et toutes les pièces accessoires nécessitées par leur pose, telles que coudes, jonctions, regards, siphons, etc. Ces tuyaux sont de deux modèles, les uns dits *à tulipes* pour les conduites à basse pression, les autres, *à manchons* couvre-joints, pour les conduites sous pression, ces derniers peuvent résister jusqu'à une pression de 10 atmosphères.

L'usine de Rambervillers fabrique aussi des pièces en grès émaillé, telles que: cuvettes, appareils sanitaires, éviers, etc.

Des échantillons de ces divers objets figuraient à l'exposition, accompagnés de carreaux et de pavés pour dallage, de vases, de balustres et de bordures pour jardins. Tous ces grès, d'un ton variant du brun roux au gris bleu, sont d'une pâte bien serrée et d'une grande régularité de fabrication.

---

*American Encaustic Tile Company*, New-York (États-Unis).

Cette compagnie n'était représentée, à l'Exposition, que par le dallage en carreaux de grès qui se trouvait à l'entrée de la Section américaine. Ce carrelage, d'un beau dessin et d'une jolie couleur, était d'une bonne fabrication.

---

## MÉDAILLES D'ARGENT.

---

*M. Wartha (Docteur Vincent)*, Budapest (Hongrie).

M. le docteur Wartha, conseiller aulique, professeur à l'Université des sciences techniques, présentait les résultats de ses recherches sur les grès flammés et lustrés; ces grès, obtenus par des procédés spéciaux étaient très bien réussis.

---

*M. Hansen-Jacobsen (Niels)*, Copenhague (Danemark).

L'exposition des grès de M. Hansen-Jacobsen se composait de vases et de sculptures, parmi lesquels on remarquait un gros lapin émaillé en grès bleuâtre, une tête de chat, des masques humains plus ou moins fantastiques, d'un ton brun rougeâtre.

Le fantastique semble plaire beaucoup à cet habile sculpteur céramiste, car on retrouve cette note dans ses vases, dans ses tasses et en général dans les divers objets en grès qu'il expose.

---

### *MM. Greber Tabary et Commien,* Beauvais [Oise] (France).

Ces Messieurs exposaient une série de jolis vases en grès émaillé avec les diverses couvertes si recherchées aujourd'hui, telles que les flammés, passant du rouge sang au vert vif, les couvertes à coulures, les couvertes naturellement mates ou matées artificiellement.

Tous ces objets, fabriqués en une bonne matière, jolis d'aspect, étaient présentés avec goût.

---

### *M. Normand (Jean),* la Forge, commune de Saint-Amand-en-Puysaie [Nièvre] (France).

Ce fabricant présente, sans aucun apprêt spécial pour l'Exposition, des grès tels qu'il les produit journellement; ce sont des cruches pour le vin et l'huile, des filtres, des touries à acide, des saloirs. Ces dernières pièces, hautes de près d'un mètre, sont fort belles de forme et très bien fabriquées.

Le grès de cette fabrique est d'une belle couleur blanc grisâtre; il est verni par salage, ou bien émaillé en brun à l'aide de scories de forge.

Cette exposition était très remarquable dans sa simplicité.

---

### *MM. de Barck et de Vallombreuse,* Paris (France).

MM. de Barck et de Vallombreuse exposent des pièces d'art de formes simples et bien étudiées, faites en un beau grès émaillé d'une couverte grise mate veinée de vert et de bleu. Parmi ces objets se trouvaient de grands vases ornés de figures de femmes, un bas-relief d'un bel effet et un joli buste dont les cheveux, s'étalant en mèches touffues, formaient la base.

---

### *M. Boissonnet,* Saint-Vallier-sur-Rhône (France).

Dans l'exposition de M. Boissonnet, se trouvaient réunis une série de vases en grès de formes heureuses, décorés au grand feu de couvertes flammées de divers genres, ainsi que de cristallisations blanches, bleues ou jaunes fort bien réussies. La pièce principale de cette exposition était un vase allégorique, *le Rhône et la Saône,* dû au sculpteur M.-P. Devaux; ce vase, joli de forme et de couleur, était fort bien exécuté.

---

### *MM. Pillivuyt, Dupuis et C^ie,* Paris (France).

La Société Pillivuyt, Dupuis et C^ie a été constituée en 1889; elle exploite à Mehun-sur-Yèvre une usine spéciale pour la fabrication de produits hygiéniques et sanitaires en grès et en porcelaine.

Cette maison exposait non seulement des éviers, des vidoirs, des sièges d'une fabrication irréprochable, mais encore des pièces de bâtiment en grès émaillé au grand feu, ainsi que trois cheminées diversement décorées.

Toutes ces pièces, d'une fabrication difficile, vu leurs grandes dimensions, étaient très bien réussies.

---

*Société de basalte artificiel et de céramique de Cotroceni*, Bucarest (Roumanie).

Cette société fabrique des tuyaux, des tonnelets, des robinets en grès brun salé de bonne qualité; elle produit aussi des dalles et des carreaux de dallage faits avec cette même matière.

Elle exposait, en outre, des briques ordinaires et émaillées, des pièces émaillées pour décorations architecturales et des poêles en faïence. C'est de cette maison que provenaient les céramiques polychromes qui ornaient le pavillon des Tabacs roumains.

Les produits de cette Société, grès, faïences et briques sont fabriqués avec soin.

---

*M. Langeron (Paul)*, Pont-des-Vernes, par Ciry-le-Noble [Saône-et-Loire] (France).

Cette maison, qui date de 1800, fabrique, en un très bon grès gris blanc, des cruchons, des flacons de formes diverses, destinés à contenir des liqueurs, des bouteilles à encre, des bocaux, des terrines.

Ces objets, émaillés en gris ou en brun, sont intéressants par la qualité de la matière et par leur bonne fabrication.

---

*MM. Defrance et Cie*, Pont-Sainte-Maxence [Oise] (France).

L'usine Defrance et Cie, fondée en 1864, à Sarreguemines, pour la fabrication des carreaux et pavés en grès ordinaire, fut installée, en 1882, à Pont-Saint-Maxence. Elle produit des carreaux de formes diverses en grès, colorés en jaune clair, brun clair, noir, rouge et blanc, destinés aux intérieurs des édifices, et des pavés striés ou rayés à leur surface pour les cours, trottoirs, quais de gare. Elle fabrique aussi des revêtements, des briques, des plinthes, des mitres et autres pièces employées dans les constructions.

Les produits de cette importante usine jouissent d'une réputation justement méritée.

---

*MM. Costa et Cie (Antonio-Almeid da)*, Devezas (Portugal).

La manufacture de Devezas, fondée en 1865, produit des tuyaux, des siphons, des appareils sanitaires, des touries en grès brun salé d'une fabrication très convenable. On y fabrique aussi une grande quantité d'azulejos, de tuiles, de briques et de pièces en terre réfractaire, destinées à des usages divers; de nombreuses petites statuettes, représentant les types des paysans du nord du Portugal, figuraient aussi dans cette exposition.

La fabrique de Devezaz et sa succursale de Pampilhosa occupent environ 600 ouvriers.

---

*Société anonyme hongroise pour la fabrication de produits céramiques*, à Budapest (Hongrie).

Cette société fabrique un produit céramique spécial, désigné sous le nom de *Kéramit*, d'un ton jaune et fortement vitrifié. Le *Kéramit*, silicate argileux calcaire cuit à haute température, a été proposé par M. Otto Rost, en 1885, pour le pavage des voies publiques. Sa résistance à l'usure serait presque égale à celle du granit et son prix de revient serait notablement moindre, d'après les essais qui ont été faits dans une des rues de Budapest. Le *Kéramit* s'emploie aussi dans les constructions sous forme de briques et de pièces diverses façonnées à l'aide de puissantes presses hydrauliques.

M. Rost, ingénieur de la Société, a établi un four continu spécial pour la cuisson assez délicate de ce grès calcaire.

### *Société anonyme de la fabrique de produits céramiques de Maubeuge* [Nord] (France).

Cette fabrique de produits céramiques, fondée en 1884, est dirigée par M. F. Fauconnier; elle produit des carreaux unis et incrustés en grès-cérame, pour carrelages et revêtements.

La production annuelle est de 70,000 mètres carrés de carreaux décorés par incrustation, et 14,000 mètres de carreaux unis.

Les produits de cette fabrique sont de bonne fabrication : mais, en général, les couleurs sont de tons un peu rabattus.

Sauf un panneau représentant les armes de la ville de Paris, les carreaux exposés étaient tous de fabrication courante.

### *Société bulgare anonyme industrielle de céramique «Izida»*, Sofia (Bulgarie).

Cette société expose des tuyaux, des coudes, des raccords en grès brun très dur et bien vitrifié dans la masse; des dalles faites en cette même matière sont bien fabriquées. Cette maison produit, en outre, des briques et des tuiles en terre cuite.

### *M. Bossot (Benoît)*, Ciry-le-Noble [Saône-et-Loire] (France).

Les cruchons, les bouteilles des formes les plus diverses, les brocs, les terrines, les pots, les tuyaux en grès blanc avec la terre du Charolais faits par cette maison, sont très bien fabriqués; ces pièces, revêtues d'une couverte de grand feu, présentent toutes les qualités de résistance que le vrai grès doit posséder.

Une spécialité de la maison Bossot consiste en la fabrication des tuiles et pièces de couverture en grès résistant à toutes les intempéries ainsi qu'aux vapeurs acides des usines.

Ces différentes pièces, tuiles de différents modèles, faîtières, arêtiers, frontons, sont en grès mat ou en grès émaillé en noir au grand feu.

Cette maison fabrique aussi des pavés et des carreaux en grès; de plus, dans des usines annexes, elle produit des briques réfractaires de toutes formes et de toutes dimensions.

### *MM. Lamberty, Servais et Cie*, Ehrang, près Trèves (Allemagne).

Cette société s'occupe de la fabrication des carreaux de dallages et de revêtements en grès-cérames; elle possède une importante usine de laquelle il sort annuellement 400,000 mètres carrés de carreaux divers.

Les produits exposés formaient le carrelage de la chapelle de la Section allemande, ainsi que des carrelages et des revêtements de la salle des Machines. Un panneau en majolique, exécuté d'après les dessins de M. Helman, de Bruxelles, représentant une jeune fille jetant des fleurs à des cygnes, se trouvait, un peu isolé, dans une des galeries ouvertes du premier étage, à l'Esplanade des Invalides.

# CHAPITRE III.

## FAÏENCE FINE ET FAÏENCE STANNIFÈRE.

Nous réunissons dans ce chapitre les produits céramiques à pâte opaque et perméable à l'eau; les faïences fines et les faïences ordinaires présentent ces caractères généraux.

La *faïence fine* est une poterie à pâte opaque, blanche ou légèrement jaunâtre à texture fine, difficilement rayable par l'acier, sonore; sa glaçure transparente, relativement dure, est faite d'un verre alcalino-plombeux contenant en général de l'acide borique et de l'alumine.

La faïence fine, telle qu'on la fabrique maintenant, est d'origine anglaise; pendant que sur le continent on s'occupait de la porcelaine, en Angleterre on perfectionnait l'ancienne poterie appelée terre de pipe.

L'introduction, par Astbury, vers 1725, de silex calciné et broyé dans les pâtes faites antérieurement d'argile plastique seule, puis les importants travaux de Wegdwood sur les pâtes et les vernis, avaient déjà, vers la fin du XVIIIe siècle, amené la fabrication de la poterie anglaise à un haut degré de perfection; la pâte était plus blanche et plus dure et le vernis, moins plombeux que celui employé précédemment, était beaucoup plus résistant.

Ce n'est que vers 1820-1825, alors que la faïence fine est déjà en pleine prospérité en Angleterre qu'on tente d'introduire cette fabrication sur le continent.

Bien qu'on attribue l'importation de la fabrication de la faïence fine à des potiers anglais venus en France, soit Leigh en 1781, à Douai, soit Hall, à Montereau, ce sont surtout les travaux et les publications faits en 1824, par M. de Saint-Amans, qui développèrent en France la fabrication de la faïence fine et lui firent prendre l'importance qu'elle a aujourd'hui.

M. de Saint-Amans, après avoir pris un brevet d'importation pour «appliquer aux matières indigènes les procédés de fabrication des poteries anglaises», chercha les moyens de réaliser ses projets industriellement; mais par suite de difficultés privées, ses efforts seraient probablement restés stériles, s'il n'avait été aidé dans son entreprise par Brongniart; le célèbre directeur de la Manufacture de Sèvres mit à sa disposition un atelier, un four et une collection des argiles de France, dont Chaptal, alors ministre, avait ordonné et surveillé la formation.

M. Saint-Amans publia, en 1829, le résultat de ses recherches dans le *Bulletin de la Société d'encouragement*, il décrivit la fabrication des pâtes, des vernis, les cuissons, et les procédés de décoration de la faïence fine.

Les principaux fabricants de terre de pipe français comprirent l'importance de ces publications et, dès 1828, ils entreprirent résolument d'établir la fabrication de la faïence fine d'après les données de M. de Saint-Amans.



IMPRIMERIE NATIONALE.

La France n'est pas seule, à cette époque, à entrer dans cette voie; en Prusse, en Belgique, en Suède, en Hollande, se fondent d'importantes fabriques de faïence fine, genre anglais, et en 1855 les fabriques du continent exposaient des produits qui ne se montraient en rien inférieurs à ceux de l'Angleterre.

De 1855 à 1867, les faïenciers français, poussés par les nécessités de la lutte, font encore de grands progrès dans leur fabrication et, de rivaux qu'ils étaient, deviennent dans bien des cas maîtres des fabricants anglais.

La fabrication de la faïence fine, écrit Salvetat dans son rapport de 1878, a fait en France d'immenses progrès, surtout de 1860 à 1867, sous l'impulsion du traité de commerce et du libre échange; et il faut le dire à l'éloge de nos principales fabriques, sous l'influence de la concurrence, en même temps que les qualités des pâtes et des glaçures s'amélioraient, les procédés mécaniques se perfectionnaient et les formes gagnaient en grâce et en bon goût.

Les fabricants français ont conservé cette situation vis-à-vis de ceux des autres pays; si des progrès ont été faits à l'étranger, ils n'ont pas été moindres chez nous; à l'Exposition présente comme à celle de 1889, la France a gardé le rang auquel elle s'était élevée dès 1867, dans la production des faïences fines; autant, du moins, qu'on peut en juger d'après les rares spécimens de faïences fines présentées, soit par les fabricants français soit par les fabricants étrangers.

Les procédés généraux de fabrication de la faïence fine sont maintenant presque identiques dans tous les pays.

La pâte est composée d'une argile plastique plus ou moins fusible, de kaolin, de silice provenant de galets calcinés et d'une roche fusible : cornwall stone, feldspath ou sables naturels feldspathiques et micacés.

Suivant les proportions relatives dans lesquelles ces différentes matières entreront dans la composition de la pâte, les faïences auront des qualités différentes; par exemple, si, comme cela se pratique dans quelques usines en Angleterre, on augmente les matières fusibles, on arrive à obtenir de véritables grès blancs à pâte vitrifiée.

Bien que l'on puisse faire de la vraie faïence fine en se servant judicieusement des matières premières qu'on trouve presque toujours dans son pays, il y a cependant des industriels de diverses nationalités qui fabriquent la faïence anglaise en prenant toutes leurs matières premières en Angleterre.

La faïence fine, par sa plasticité, se prête aux procédés rapides de façonnage à la machine; les machines ont même été, la plupart du temps, employées pour cette matière avant de l'être pour la porcelaine.

Les carreaux de revêtements, dont la pâte est plus siliceuse que celle employée pour le service, pour lui permettre de recevoir des émaux plus alcalins, sont faits à la presse, en comprimant la pâte en poudre presque sèche dans des moules métalliques.

Les procédés de cuissons des faïences fines et des porcelaines sont passées par les mêmes phases; on a cuit au bois, à la houille, d'abord dans des fours à flamme directe, puis dans des fours à flamme renversée. Généralement même, ce sont les faïenciers qui ont innové les perfectionnements apportés aux cuissons; parce que les faïenciers ont toujours, plus que les porcelainiers, été obligés de produire à très bas prix.

La cuisson des faïences comprend deux opérations successives : 1° la cuisson du biscuit; 2° celle de l'émail.

Un perfectionnement tout récent et d'une grande importance vient d'être apporté à la faïence fine, c'est l'application à la cuisson de l'émail d'un four continu à sole mobile. Ce four, étudié par M. Faugeron, directeur de la fabrication des usines de Montereau, fonctionne depuis plusieurs mois et donne d'excellents résultats; d'autre part, M. Sturm a proposé un four continu à sole mobile circulaire.

La seule décoration rationnelle, pour les pièces de service en faïence fine, en dehors de celle obtenue par les émaux transparents, est celle qu'on applique sous émail; cependant il y a tendance aujourd'hui à cause de la facilité d'exécution à employer, comme pour la porcelaine, la décoration par chromolithographies imprimées sur l'émail; il serait fâcheux que, pour quelques difficultés, on renonçât aux avantages des décors sous émail. Une des difficultés de la chromolithographie sur biscuit est d'appliquer une quantité de couleur suffisante sur les pièces pour qu'elle puisse résister à l'action destructrice de l'émail pendant la longue durée des cuissons nécessitée par les fours actuellement en usage. Les nouveaux fours continus rendront, sans doute, la décoration sous couverte plus facile à exécuter et ils contribueront à en généraliser l'emploi.

Pour les cuissons de décors sur émail, ainsi que pour brûler les huiles servant à appliquer les couleurs par impression sur biscuit, on emploie avec succès depuis plusieurs années les moufles à circulation.

L'emploi des moufles à circulation pour les décors et celui des fours continus pour l'émail ont amené une grande économie de combustible. L'introduction de ces appareils dans les fabriques de faïences fines constitue en réalité le perfectionnement le plus important qui ait été réalisé dans cette industrie depuis 1889.

La *faïence stannifère* est une poterie à pâte opaque, perméable à l'eau, colorée en général dans sa masse, tendre, à texture lâche, à cassure terreuse; sa glaçure est faite ordinairement d'un émail opacifié par l'étain, quelquefois d'émaux colorés transparents.

Aujourd'hui comme autrefois la pâte de cette faïence se compose soit d'une argile naturelle contenant du sable quartzeux et du calcaire, soit d'un mélange d'argile réfractaire, de sable et de marne, quelquefois même le calcaire y est introduit à l'état de craie; en Angleterre, la pâte de faïence stannifère est en général faite avec une argile non calcaire.

L'émail, sur ces faïences, présente souvent le défaut connu sous le nom de tressaillure; ce défaut pourrait cependant être évité dans cette fabrication, comme le prouvent de nombreuses pièces fort anciennes, suisses, italiennes ou allemandes, sur lesquelles on ne voit aucune trace de tressaillure.

La faïence stannifère, qui avait servi, pendant plusieurs siècles, à produire non seulement les belles poteries d'art italiennes et françaises, mais encore la vaisselle de table et les vases d'usages domestiques, perdit beaucoup de son importance quand apparurent en Europe la porcelaine et la faïence fine. Peu à peu ces poteries, plus solides, remplacèrent la faïence à pâte poreuse et en France, en Hollande, en Allemagne, les faïenceries qui avaient produit des pièces des plus remarquables disparurent.

Néanmoins la faïence à émail stannifère continua de tout temps à être employée à la fabrication des revêtements d'intérieur et des appareils de chauffage; on ne cessa à aucune époque de fabriquer en Allemagne, en Suède, en Suisse, de beaux poêles monumentaux ornés de sculptures et de peintures; si, en France, la fabrication des poêles d'art a été un peu mise à l'écart, ce n'est pas que les potiers habiles aient fait défaut, mais bien parce que le chauffage à l'aide de poêles monumentaux n'a jamais pris une grande extension dans notre pays.

La faïence stannifère, qu'on avait pour ainsi dire totalement abandonnée pour la production de vases de luxe ou d'objets d'art, fut remise en vogue vers 1850; malheureusement les céramistes qui reprirent cette fabrication, à quelques louables exceptions près, se contentèrent de faire des pastiches, des copies des anciennes pièces. Ce ne furent que vases, écuelles, plats, fontaines de Rouen, de Nevers, de Moustiers, de Strasbourg, d'Urbino, de Savone, etc.; quant à des pièces originales, on n'en fit que fort peu, ou même pas du tout.

La situation aujourd'hui n'est pas changée, et la plupart des pièces d'art en faïence exposées cette année sont encore des copies d'anciennes fabriques et cela, malgré les observations répétées des rapporteurs de 1867 et 1878.

La faïence stannifère avait trouvé, aux expositions de 1878 et 1889, une nouvelle application dans la décoration architecturale. Le succès de l'emploi de cette matière à l'ornementation des palais de 1889 avait été complet, et on aurait pu croire que la faïence émaillée allait prendre une grande importance dans la décoration de nos édifices modernes, quand une autre matière plus solide, le grès, vint, comme le firent autrefois la porcelaine et la faïence fine, lui disputer et même lui prendre la place.

Je crois cependant que les fabricants de faïence stannifère pourraient lutter avec quelques chances de succès et défendre leur matière qui a tant de belles qualités, si résolument ils appliquaient à leur industrie les perfectionnements adoptés depuis longtemps dans les autres branches de la céramique.

## HORS CONCOURS.

### *MM. Boulenger (Hippolyte et C^ie)*, Choisy-le-Roi [Seine] (France).

M. Boulenger (Paul-Hippolyte), membre du Jury des récompenses, mettait hors concours la faïencerie de Choisy-le-Roi.

Fondée en 1804, sur l'emplacement du château construit par Mansard pour la Grande Demoiselle, cousine de Louis XIV, cette maison devint en 1863 la propriété d'Hippolyte Boulenger, qui la transforma en 1878 en une société en commandite sous la raison sociale H. Boulenger et C^ie^, dirigée aujourd'hui par MM. Paul-Hippolyte et Alexandre Boulenger.

Cette importante manufacture, qui emploie plus de 1,000 personnes, possède 8 fours à biscuit et 12 fours à émail; son capital social est de 2,850,000 francs.

La faïencerie exploite à Cessoy, en Seine-et-Marne, des carrières d'argiles plastiques et une briqueterie dont elle emploie toute la production pour son usage personnel. Les kaolins viennent de l'Allier ou de Bretagne, le sable fusible du Nivernais. Les broyeurs, concasseurs, malaxeurs, mélangeurs, presses, appareils divers de façonnage, lampes électriques sont actionnés par une force motrice de 350 chevaux.

Dans l'installation des ateliers, tout a été prévu pour réaliser, dans l'espace le plus restreint possible, en respectant toujours les règles de l'hygiène, le travail le plus parfait et le plus économique, en évitant toute perte de temps.

La manufacture de Choisy fabrique les objets les plus divers, des assiettes, des plats, des tasses, des soupières, en un mot toutes les pièces des services de table, des services de toilette, des faïences sanitaires, des vases poreux pour filtres, pour accumulateurs, etc., sans parler des cazettes, des pernettes et de tous les accessoires en terre réfractaire nécessaires pour l'enfournement des pièces crues ou de celles à émailler.

La maison Boulenger produit aussi des carreaux de dallage et de revêtements fabriqués à sec; elle a fourni récemment en moins de six mois quatre millions de carreaux pour les gares du Métropolitain de Paris.

Ses ateliers de décoration et d'émaillage, fort bien dirigés au point de vue artistique, sont installés pour une belle et rapide production et sont munis des procédés d'impression les plus récents.

L'administration des usines de Choisy a grand souci du bien-être de ses ouvriers; elle a fondé pour eux une crèche, un asile, une société de secours mutuel, une caisse d'épargne, une assurance contre les accidents.

MM. Boulanger (H^te^) et C^ie^ viennent d'adjoindre à leurs fabrications, celle de la tuile et des accessoires de couverture; ces produits sont faits dans leur usine de Vitry-sur-Seine.

La fabrique de Choisy exposait en plein air, à l'esplanade des Invalides, une jolie fontaine couronnée d'une élégante statue dont l'exécution très réussie montrait qu'on sait, dans cette manufacture, vaincre les plus grandes difficultés de fabrication; le modèle de cette fontaine est dû à l'architecte, M. Jacotin. Dans les galeries se trouvait une salle entièrement ornée de panneaux de faïence décorée d'après les cartons de M. Foudji; l'un, le principal, représentait un coucher de soleil sur les bords d'une rivière ombragée de grands arbres; ce panneau, bien que sombre, était d'un joli effet décoratif. Si, sur les tables placées au-dessous de ces panneaux, on avait trouvé quelques services de table joliment décorés, cette belle exposition, déjà fort réussie, eût été complète.

---

## *Société anonyme de la Faïencerie de Gien* [Loiret] (France).

La Société anonyme de Gien est mise hors concours par la présence dans le Jury de la Céramique de M. Loreau, président de son conseil d'administration, .

Cette importante faïencerie fut créée, en 1820, par Hall, qui avait déjà participé à la fondation de celle de Montereau. En 1855, cette usine se faisait remarquer par l'amélioration qu'elle avait apportée à la blancheur de sa pâte et à la dureté de sa glaçure.

Vers 1856, Gien, qui ne produisait jusqu'alors que des objets d'utilité domestique, décorés de grosses fleurs largement traitées au pinceau, entreprend la fabrication de services de table plus artistiques, en prenant pour modèles les anciennes faïences de Rouen, de Niederviller, de Marseille, de Delft, qu'on reproduisit par l'impression.

Le succès qu'obtinrent ces pièces, copies d'anciennes faïences, fut très grand à l'Exposition de 1867. Encouragée par la faveur avec laquelle on accueillit alors ces faïences décorées par impression, la manufacture de Gien continua à produire des modèles anciens sur ses nombreux services de table, ses jardinières, ses vases; puis elle adjoignit aux procédés d'impression les décors faits avec la barbotine ou à l'aide des émaux transparents, et elle se mit à fabriquer de très intéressants carreaux de revêtements. La manufacture de Gien présentait, en 1889, de beaux spécimens de ces diverses fabrications et obtenait un grand prix.

Depuis cette époque, cette faïencerie a constamment progressé; elle a perfectionné ses moyens techniques et ses procédés décoratifs. Elle présente, cette année, des spécimens variés de ses différentes productions exécutées souvent avec art, mais toujours avec une grande habileté de fabrication.

Des services de table genre Rouen, ou décorés des fleurs naïves du bon vieux temps, des services italiens, d'autres en pâte crème, un grand plat imité de Rouen, des vases ornés d'émaux cloisonnés ou de fonds d'or sous couverte, d'émaux à reflets métalliques ou moirés, de grands vases balustres en rouge de cuivre flammé entouraient la pièce principale, haute de 3 m. 50, décorée d'émaux de tons vifs et brillants, parmi lesquels dominaient le jaune et le turquoise très habilement accotés.

L'usine de Gien, fort bien installée pour une fabrication parfaite et économique, est très habilement administrée par M. Charles Gondoin, ingénieur des arts et manufactures. Les plus grands soins sont pris dans cette usine au point de vue de l'hygiène des ateliers, et bien qu'on y prépare toutes les couleurs d'impression et qu'on manipule une grande quantité de vernis plombeux, jamais, grâce à une préparation rationnelle de ces matières, aucun ouvrier n'a été intoxiqué par le plomb.

Non seulement la faïencerie de Gien garde son ancienne renommée, elle réussit encore à l'augmenter.

---

## *MM. Boch frères*, la Louvière (Belgique).

La manufacture de faïence de Kéramis, qui obtint en 1889 un grand prix, est cette année hors concours, M. le baron Gérard de Nothomb, un de ses administrateurs, faisant partie du Jury de la Céramique.

L'usine de la Louvière est issue de celle qui fut fondée d'abord en 1767 à Sept-Fontaines (Luxembourg) par Pierre-Joseph Boch; elle fut installée à la Louvière en 1841.

Cette maison expose avec succès, en 1855, un assortiment très complet de faïences fines et des pièces en grès. Le rapporteur de cette époque, que je cite *in extenso*, montre nettement que ce n'est pas d'hier qu'on a songé à utiliser les grès comme matériaux de construction; il écrit en effet : «Boch frères se présentent avec une supériorité incontestable aussi bien pour la faïence fine que pour les grès de construction. Ces derniers seront employés avec succès, soit comme colonnes à l'aide d'un noyau de fer, soit comme balustrades pour balcons et particulièrement pour le couronnement des édifices; ils réunissent la légèreté et la solidité.»

Les produits de la maison Boch, de la Louvière, prennent rapidement, grâce aux bonnes qualités de leurs pâtes et de leurs vernis, à leur exécution soignée, une grande réputation.

La manufacture de Kéramis, dont M. Tock, ingénieur des arts et manufactures, est l'habile directeur depuis 1881, occupe plus de 1,000 ouvriers; son outillage est des plus perfectionnés, tant pour la fabrication générale que pour les différents procédés de décoration appliqués aux multiples productions de cette importante maison.

La principale fabrication de la Louvière est celle de la faïence fine feldspathique. C'est en cette matière que sont les nombreux objets exposés : les services à café, la vaisselle de table, les services de toilette richement décorés par impression d'après des dessins nouveaux, ou dans le genre de Delft, de

Rouen ou de Saint-Amand, ainsi que les objets les plus ordinaires comme cuvettes, brocs, appareils sanitaires, etc.

A côté de la faïence feldspathique se trouvent des faïences stannifères décorées en imitation de Rouen, Nevers, et surtout de Delft; des faïences siliceuses recouvertes d'émaux transparents d'après la technique des Persans; des majoliques rappelant les plus belles pièces italiennes.

Une autre fabrication importante de la Louvière est celle des carreaux de revêtement en faïence et grès, et celle des pièces d'architecture. Ce genre de fabrication était représenté à l'Esplanade des Invalides par un grand panneau décoratif encadré de colonnes, surmonté de figures allégoriques formant fronton; ce panneau recouvrait toute la grande paroi qui limitait sur une face l'emplacement réservé à cette très intéressante exposition.

En avant de cette belle décoration murale étaient placées de nombreuses tables sur lesquelles figuraient, outre les pièces des différentes fabrications que nous avons citées, un ensemble considérable de pièces artistiques, des vases décorés de fleurs, d'oiseaux des tons les plus brillants, des coupes, des plats à décors variés parmi lesquels un plat genre Rouen, de plus d'un mètre de diamètre, et quantité d'objets de fantaisie, des fonds d'or sous émail, des barbotines, des grès dans le goût du jour à couvertes mates et à coulées, des émaux cristallisés, des rouges flammés, des reflets métalliques. En un mot tous les genres de fabrications étaient représentés dans cette belle exposition.

---

## *M. Baudin (Eugène)*, Saint-Briac [Ille-et-Vilaine] (France).

M. Baudin, hors concours comme membre du Jury, est un céramiste passionné. Fils d'un ouvrier porcelainier, il commence sa carrière céramique comme tourneur, à Vierzon, dans la fabrique de M. Monnier; il travaille ensuite comme mouleur de porcelaine à Charenton.

Après la guerre de 1870 et ses suites, il va en Angleterre et entre comme mouleur dans une usine de Stoke; il vient plus tard à Lambeth, où il ne trouve d'abord qu'une situation de manœuvre, mais bientôt il se fait remarquer par ses connaissances et son habileté en céramique et il devient contremaître. M. Baudin part alors avec MM. Petrinck et Forester, qui vont fonder, en Belgique, une fabrique de faïences fines, et il garde pendant quatre ans la direction de cette usine. Rentré en France après l'amnistie, il installe aussitôt une petite fabrique de majolique à Vierzon, son pays. Nommé député du Cher, M. Baudin, malgré les soucis de la politique, ne peut renoncer à son amour pour l'art de la terre, et il fabrique, en amateur, entre deux séances de la Chambre, des poteries d'art dans son petit atelier de la rue de Vaugirard.

Comme député, chaque fois que l'occasion s'en est présentée, il a protégé la céramique et a fortement contribué à la fondation de l'école d'application de céramique de la Manufacture de Sèvres.

Forcé, par des raisons de santé, de se retirer à Saint-Briac, dès qu'il s'en sent la force, il se remet avec enthousiasme à son métier de potier et crée la petite fabrique d'où sont sortis les jolies pièces qu'il a exposées.

La pâte de M. Baudin, faite d'argile, de sable siliceux et de verre pilé, donne après cuisson une pâte dure et sonore, sur laquelle s'applique sans accidents toute la brillante palette des émaux alcalins.

Ses pièces coquettes et variées empruntent souvent leurs formes aux corolles et calices des fleurs, elles sont recouvertes d'émaux passant harmonieusement d'un ton sombre à un ton lumineux jaune, vert ou rouge. Des irisations, des couleurs habilement jetées viennent encore ajouter au charme des jolies productions de ce maître potier amoureux de son art.

---

### MM. Mehlem (*Franz et Ant.*) [*M.* Guilleaume (*Franz*), *propriétaire*], Bonn (Allemagne).

La faïencerie de Franz et Anton. Mehlem, que la présence de M. Guilleaume, son propriétaire actuel, parmi les membres du Jury, mettait hors concours, a été établie, en 1826, par les frères Mehlem, sur les bords du Rhin. Sous leur direction habile, cette usine prospéra; mais après la mort, en 1863, du dernier frère, qui ne laissait pas d'héritier, elle ne trouva pas d'acquéreur et ne tarda pas, sous une direction intérimaire, à perdre le renom qu'elle s'était acquis.

En 1865, la fabrique fut reprise par Ferdinand Frings, qui, malgré une bonne administration et de grands efforts faits pour perfectionner les procédés de décoration, ne put réussir, pendant la période troublée de 1865-1870, à lui rendre son ancienne prospérité. Frings sentant la tâche trop lourde pour lui seul, prit, en 1874, M. F. Guilleaume pour associé; mais peu de jours après, il mourut subitement, laissant toute la charge de la direction de la maison Mehlem à son jeune associé.

Sous la direction de M. F. Guilleaume, la faïencerie de Bonn se relève et se développe rapidement; en 1874, elle occupait 130 ouvriers et avait 3 fours à biscuits et 3 fours à émail; aujourd'hui, elle possède 7 fours de 120 mètres cubes pour le biscuit et 7 pour l'émail; les ouvriers sont au nombre de 1,000. Les ateliers se sont transformés; ils sont maintenant installés suivant les derniers perfectionnements connus; les moufles à flamme renversée, au nombre de 18, sont d'un système spécial dû à M. Guilleaume.

La maison Ant. Mehlem fabrique en faïence fine des objets de services pour la table, pour les cuisines, des appareils sanitaires et des pièces de luxe, vases, jardinières, cache-pots, pendules, etc., décorés sur et sous émail d'après des modèles sans cesse renouvelés.

Les faïences de cette fabrique, remarquables au point de vue technique et artistique, étaient bien présentées dans une salle décorée par M. Friling; cette pièce servait d'entrée sur un des petits côtés, à la grande salle de la céramique allemande. On y voyait à côté de très intéressantes pièces de faïence à fond d'or et de grès à couvertes mates ou lustrées disposées sur un élégant dressoir en acajou, un joli plat orné d'une tête de femme peinte avec une grande habileté, de jolis vases décorés de fleurs dans le goût moderne; on remarquait en avant sur une table un grand vase uni d'une jolie harmonie de couleurs. Sur l'autre paroi de la salle s'élevait une grande cheminée, d'un ton verdâtre, dont l'entourage était formé de panneaux représentant des animaux bien dessinés. Plus loin, devant un miroir encadré dans un panneau décoratif, se trouvait un vase de plus de 1 m. 50 de haut, sur l'épaule duquel se pose un paon blanc, des glycines en enveloppent la panse, et sur son pied s'enroule un serpent.

Toutes ces pièces d'art, tous ces vases, bien groupés dans une salle disposée avec goût, mettaient bien en valeur la belle fabrication de la maison Mehlem.

---

### M. Zsolnay (*Guillaume*), Pecs (Hongrie).

La fabrique de Pecs était hors concours parce que M. Nicolas Zsolnay faisait partie du Jury de la Céramique. Fondée vers 1860, dans une région houillère du comitat de Baranya, par M. Guillaume Zsolnay, cette usine ne produisit d'abord que des cruches, des pots, de la vaisselle de cuisine et des briques réfractaires, mais elle adjoignit bientôt à sa fabrication courante celle de pièces artistiques.

La faïence de Pecs est composée d'argile réfractaire jaune clair et de quartz pulvérisé; sa couverte n'est pas plombeuse et les décorations sont, en général, exécutées sous couverte. Beaucoup des pièces exposées, peut être trop, sont décorées de reflets métalliques.

Les produits de cette maison étaient des plus variés ; c'étaient, dans la galerie extérieure, des tuiles, des briques mates ou émaillées, des balustres, des faîtages, des faïences et des terres cuites pour constructions, parmi lesquelles on remarquait des pièces difficiles à exécuter fort bien réussies ; des chaises et des fauteuils de jardin en faïence qui me semblent plutôt des pièces d'exposition que des pièces d'usage.

Dans la galerie intérieure étaient réunis des vases et objets de fantaisie en quantité telle qu'ils se nuisaient les uns aux autres; dans cet amoncellement de pièces colorées, lustrées, toutes très brillantes, il était difficile de distinguer les belles pièces de celles qui n'avaient qu'une valeur secondaire.

Si, après un choix judicieux fait parmi ces faïences à reflets métalliques rouges, jaunes, verts et bleu d'acier, la fabrique de Pecs n'avait exposé que ses produits les plus remarquables par la grâce de leurs décors et par leur bonne réussite technique, l'impression générale eût été beaucoup plus satisfaisante; car, parmi les belles pièces exposées, il y en avait plus qu'il n'était nécessaire pour composer une très belle et très intéressante exposition.

---

## *M^me V^ve Hasslauer, MM. de Champeaux et Quentin,* Givet [Ardennes] (France).

M. Quentin (Aimé-Louis) faisant partie du Jury de la Classe 98, la fabrique de faïences de Givet se trouvait hors concours.

La société V^ve Hasslauer, de Champeaux et Quentin exploite l'ancienne fabrique de pipes en terre établie à Givet en 1780 et qui prit la marque *Gambier* en 1820.

La fabrication des pipes occupe 280 ouvriers; elle produit par jour 25,000 pipes, qui sont expédiées dans toutes les parties du monde. La collection complète des pipes de cette fabrique comprend plus de 3,000 modèles.

La société de Givet a adjoint depuis 1897, à sa fabrication de pipes, celle des carreaux de revêtement et des pièces de construction en général. Ces derniers produits seuls figuraient dans la Classe 72. Les émaux cloisonnés qui ornaient la frise en faïence fine exposée par cette fabrique avaient une grande limpidité et de très jolis tons avivés par la blancheur de la pâte qui leur servait de support.

---

## *M. Dikran [G. Kelekian]* (Perse).

On voyait dans cette exposition les produits les plus variés de la Perse : des magnifiques tapis, des vases en métal, des bijoux et des pièces céramiques sur lesquelles on remarquait le beau bleu persan bien connu et de riches décors en reflets métalliques.

Parmi ces poteries, où se trouvaient des pièces anciennes et modernes, il était fort difficile de distinguer celles de fabrication récente; ce qui est à la fois un éloge et une critique.

M. Dikran, G. Kelekian, était membre du Jury de la Classe de Tapisserie, ce qui mettait son exposition de céramique hors concours.

---

## GRANDS PRIX.

### *MM.* VILLEROY *et* BOCH, Mettlach-sur-la-Saar (Allemagne).

Cette très puissante société a été fondée, en 1841, par les membres des familles alliées Villeroy et Boch qui réunirent, à cette époque, la faïencerie de Vaudevrange, d'une part, et les faïenceries de Sept-Fontaines et Mettlach, de l'autre.

La faïencerie de Sept-Fontaines, créée en 1767 par B.-J. Boch, est située dans le grand-duché de Luxembourg, et nous trouverons ses produits exposés dans le pavillon de cet État.

La faïencerie de Vaudrevange (Prusse rhénane) a été fondée en 1789 par N. Villeroy; on y fabriqua d'abord la poterie dite *terre de pipes;* puis, à partir de 1851, la faïence feldspathique.

La manufacture de Mettlach (Prusse rhénane) date de 1809; elle fut établie par J.-F. Boch et autorisée par le préfet du département de la Sarre, en 1812, à la condition expresse de n'y employer que la houille comme combustible, de sorte que la fabrique de Mettlach fut la première sur le continent à cuire avec le charbon de terre; elle fut aussi une des premières à appliquer les décors imprimés sous couverte. La fabrication de la faïence fine feldspathique date de 1837 dans cette usine. La société Villeroy et Boch créa, en 1869, à Mettlach, une grande fabrique de carreaux en grès-cérame faits à la presse hydraulique; elle occupe aujourd'hui, à elle seule, 1,240 ouvriers et 45 presses hydrauliques.

Cette société possède encore, depuis 1856, les usines importantes de Dresde, où l'on fait de la faïence fine blanche et décorée, des articles sanitaires, des poêles, des cheminées, des carreaux de revêtement et des pièces architecturales; celle de Mertzig, qui fabrique surtout des statues, des vases, des pièces d'architecture et des carrelages en grès-cérame; enfin celle de Schramberg, dans le Wurtemberg, qui produit, outre la faïence feldspathique, des produits réfractaires, des articles pour installations électriques et des majoliques.

Les produits de ces différentes fabriques de la société Villeroy et Boch étaient exposés en commun dans une salle fort agréablement décorée par M. Hoffacker. La faïencerie de Dresde avait fabriqué les faïences fines sculptées et peintes qui formaient l'encadrement de la grande porte d'entrée, ainsi que les deux grands panneaux décoratifs de M. Muller, à droite et à gauche de cette porte. L'usine de mosaïques de Mettlach avait fourni le carrelage, et sur les tables et étagères étaient de nombreux objets de Vaudrevange, de Schramberg ou des autres usines, fabriqués soit en faïence, en majoliques ou en grès; on remarquait parmi ces diverses productions de jolies barbotines, des pâtes rapportées sur grès verts, des rouges flammés sur faïence, des couvertes à coulures, des reflets métalliques, des couvertes spéciales qui, mises l'une à côté de l'autre, se cloisonnent d'elles-mêmes au lieu de se mélanger, et aussi les cristallisations d'un aspect tout à fait particulier, qui ornaient une grande potiche vert clair. Un grand vase en grès demi-mat, orné de figures et de lys, était d'un très bel effet décoratif.

Sur l'autre face de la salle se trouvaient deux grands panneaux peints, de 2 m. 15 de hauteur, des vases, des plats fabriqués en une pâte spéciale préparée à la faïencerie de Mettlach.

La grande quantité des produits les plus divers, exposés dans ce vaste local par les différentes usines de la société Villeroy et Boch, leur belle qualité donnent une juste idée de son savoir et de sa puissance. Ses fabriques occupent près de 7,000 ouvriers; sa production, dès 1889, représentait une valeur de 15,500,000 francs. Ces chiffres montrent, sans autre commentaire, toute l'importance de cette société.

### *MM. Joost-Thooft et Labouchère,* Delft (Pays-Bas).

En 1800, il ne restait plus, à Delft, des nombreuses fabriques de faïence stannifère qui avaient rendu cette ville célèbre, qu'une seule fabrique portant comme enseigne : «A la bouteille de porcelaine», encore n'y faisait-on que de la faïence fine anglaise décorée par impression.

En 1876, M. Joost-Thooft reprit cette maison et s'efforça d'y faire revivre l'ancienne fabrication. Avec l'aide artistique de M. Le Comte, professeur des arts décoratifs, il parvint rapidement, dès 1877, à refaire des peintures bleues sur fond blanc, d'après l'ancien genre auquel le Delft avait dû son renom; plusieurs pièces ornées de ce genre de décors, bien réussies, figuraient à l'Exposition de 1900.

M. Thooft s'associe, en 1884, avec M. Labouchère, et dès lors, la fabrique de Delft, sous la raison sociale Joost-Thooft et Labouchère, se voue entièrement à la céramique d'art. M. Thooft est mort en 1890, M. Labouchère est resté, depuis cette époque, seul propriétaire.

On produit présentement à Delft plusieurs genres de céramique : la faïence fine anglaise ou *nouveau Delft,* la faïence stannifère ou *ancien Delft,* la faïence dite *Jacoba,* et un grès spécial pour revêtements décoratifs.

Le nouveau Delft, en faïence fine anglaise, est décoré sous émail; quelques pièces sont des copies d'anciens modèles, mais la plupart sont faites d'après des formes et des décors nouveaux dus à M. Le Comte.

La plupart des pièces sont exécutées par les artistes qui en ont eux-mêmes créé les modèles. Presque tous ces artistes, qui sont plus de cinquante dans les ateliers de Delftt, sortent de l'école attachée à la fabrique et que dirige M. Senf.

La faïence stannifère, dont la maison J. Thooft et Labouchère a repris dans ces derniers temps la fabrication, est employée à faire des copies exactes des plus beaux spécimens de l'ancienne fabrication de Delft à décors bleus; elle sert cependant aussi à fabriquer quantité de pièces nouvelles polychromes. Ce genre était représenté dans l'exposition de Delft par de belles pièces qui ont été très goûtées.

La faïence dite *Jacoba* est préparée avec une argile colorée décorée en général de gravures faites à la pointe dans la pâte molle; des vases, des jardinières, des objets de fantaisie ornés de lustres, représentaient cette faïence.

Le grès de cette fabrique est surtout utilisé à la confection de revêtements construits d'une façon spéciale; au lieu de la coupe ennuyeuse en carreaux rectangulaires d'égales dimensions, les éléments qui composent les panneaux décoratifs sont découpés suivant les lignes du dessin dans des pâtes à grès de colorations variées qui restent mates. Les revêtements exécutés d'après ce mode de fabrication dû à M. Mauser ont un aspect agréable, comme on a pu le constater dans le grand panneau dessiné par M. Le Comte, représentant une Hollandaise en costume national, ainsi que dans la frise ornée de poissons nageant au milieu d'algues.

Ces objets, de fabrications variées, bien décorés, formaient une très intéressante exposition qui, à juste titre, a été très remarquée.

---

### *Rookwood Pottery Company,* Cincinnati (États-Unis).

La Rookwood Pottery est la première manufacture qui se soit occupée de la fabrication de poteries d'art en Amérique; elle fut fondée, en 1880, par Mme Maria Longworth-Storer, qui s'était posé le problème de fabriquer avec les seules argiles de la vallée de l'Ohio des faïences artistiques, et de les faire décorer avec le seul concours de jeunes artistes américains sortis de l'Art Academy de Cincinnati.

La Rookwood Pottery prospéra rapidement et obtint un réel succès avec les poteries d'art qu'elle exposa à Paris en 1889.

En 1890, M^me^ Storer se retira et laissa la direction à M. William Watts Taylor, qui était son collaborateur depuis 1883. Les premières poteries de cette fabrique d'un caractère très particulier, furent présentées sous le nom de *Standard Rookwood;* elles sont généralement d'un ton chaud jaune, rouge ou brun, ornées de fleurs ou de figures obtenues à l'aide de barbotines colorées, placées sur la pâte crue des vases et recouvertes ensuite d'émaux de tons variés qui, par la facilité de leur emploi, permettent aux artistes de suivre librement leur inspiration. Ce procédé de décoration a été très perfectionné depuis 1889, car les tressaillures qui déparaient les pièces de cette époque ont complètement disparu sur les objets de fabrication récente. Parmi ces pièces d'un bel aspect chaud et doré, on remarquait un beau vase décoré de grues, d'un joli ton rouge s'enlevant sur un fond brun.

M. Taylor ne s'est pas contenté de ce type qui fit le renom de Rookwood Pottery, il a cherché à enrichir sa fabrication d'autres produits, et il a réussi à obtenir de jolis effets avec ses émaux vert de mer, *sea green,* vert bleu et noir, d'une limpidité remarquable.

Cette maison présentait aussi des poteries faites en une pâte blanche appelée *iris,* sur lesquelles de belles décorations de fleurs en couleurs claires, telles que rose tendre, bleu, violet, vert pâle, blanc crême et jaune, produisaient un effet charmant.

Les émaux que la Rookwood Pottery expose sous le nom d'*œil de tigre* (*tiger eye*) ou *aventurine* sont d'un aspect très curieux; ils furent fabriqués pour la première fois en 1884 et firent sensation quand ils apparurent, en 1889, à l'Exposition de Paris, et en 1893, à Chicago.

Ce genre de couverte est tout différent des autres couvertes cristallisées; ici, les cristaux, au lieu d'être en surface, se trouvent recouverts par l'émail qui garde tout son glacé et toute sa limpidité. L'émail aventurine acquiert son maximum d'éclat sur des fonds sombres et unis; c'est, en réalité, une cristallisation emprisonnée dans la couverte elle-même. Rookwood Pottery montrait de plus des vases ornés d'émaux de couleurs brillantes et variées et d'émaux mats ou matés artificiellement. Certains de ces vases étaient enrichis de parties métalliques déposées par galvanoplastie.

Le bel ensemble de ces produits divers, fort bien réussis, montre que la Rookwood Pottery a fait de grands progrès depuis 1889.

---

## *M.* Loebnitz *(Jules)*, Paris (France).

La manufacture de faïence stannifère et terre cuite de M. Loebnitz a été fondée par Pichenot, en 1833; on y fabriqua d'abord des poêles en faïence blanche ordinaire, puis en 1841 il fut adjoint à cette fabrication celle des panneaux de faïence pour intérieurs de cheminées et revêtements divers.

Cette fabrique a été une des premières à entrer dans la voie de la production de faïences décoratives architecturales. C'est, en effet, de la maison Pichenot que sortirent, en 1849, les faïences peintes par Devers qui ornent l'église de Saint-Leu-Taverny et qui existent encore aujourd'hui en un très bon état de conservation.

En 1878, la maison Lœbnitz exposait avec éclat son porche du Palais des Beaux-Arts et montrait ainsi les beaux effets que l'architecture peut tirer de la céramique.

Le succès très grand que remporta la céramique architectonique à l'Exposition de 1889 fut dû, en grande partie, aux produits de la maison J. Lœbnitz qui ornaient les Palais des Beaux-Arts et des Arts libéraux, ainsi que divers pavillons étrangers.

Si M. Lœbnitz père n'avait pas été rapporteur du Jury en 1889, il eût certainement obtenu un grand prix à cette époque,

En 1900, M. Lœbnitz fils a exposé, dans les galeries de la Classe 72, de beaux spécimens de sa fabrication courante, des poêles ornementaux, des cheminées, des panneaux en biscuit, émaillés par places seulement, sous formes de plumes de paon ou d'autres objets, des frises décoratives, mais ce n'était pas dans cet endroit que se trouvaient ses céramiques les plus importantes.

Gardant les bonnes traditions de son père, M. Jules Lœbnitz exposait à l'Esplanade des Invalides une belle fontaine monumentale, dernière œuvre de Paul Sédille, architecte éminent qui fut un des premiers à comprendre tout le parti que le constructeur pouvait tirer des notes brillantes et toujours fraîches de la céramique.

Dans la rue des Nations, M. Lœbnitz avait exécuté très habilement, pour l'architecte M. Magne, le distingué professeur du Conservatoire des arts et métiers, les matériaux destinés à l'édification de l'élégant pavillon de la Grèce, dont les grandes briques rougeâtres, coupées de turquoises étaient du plus charmant effet.

«Les objets de cette fabrique consciencieuse, disait M. Dubouché, rapporteur de l'Exposition de 1878, méritent les plus grands éloges, ils sont le présage bien accueilli d'un avenir grandement prospère, d'une célébrité qui s'impose et qui a droit aux plus grandes récompenses.» Cette prédiction est aujourd'hui un fait accompli.

---

### *Société «L'Art de la Céramique»*, Florence (Italie).

Cette société, fondée en 1897 par M. le comte Guistiani, aidé du dessinateur M. Guido Chini et du fabricant M. Vittorio Guinti, a su avec les procédés anciens produire des œuvres nouvelles.

Renonçant aux fastidieuses répétitions, aux éternelles copies, aux recommencements sans fin et sans saveur dans lesquels semblent se complaire un trop grand nombre de céramistes italiens, cette société a cherché et a réussi à fabriquer des poteries d'une facture et d'un goût tout personnel : tels ces beaux vases en faïence stannifère ornés d'animaux et de plantes très habilement exécutés.

Nous voyons encore là tous les éléments connus de décoration : plumes de paon, pavots, faisans, glycines, cygnes, mais ils sont tout différemment traités; interprétés dans un autre esprit, ils prennent un autre aspect, une autre tournure, et ils ne ressemblent plus en rien à ceux que nous avons déjà rencontrés.

Ces pièces, jointes aux jolis revêtements qui ornaient la salle du Palais d'Italie, ont par leur caractère d'originalité attiré très justement les suffrages du Jury.

---

## MÉDAILLES D'OR.

### *MM. Aly Mahommed Sabbak X. Barseghian et C^ie^*, Téhéran (Perse).

Le Jury a accordé une médaille d'or à ce fabricant persan pour récompenser les très louables efforts qu'il a faits pour rétablir à Téhéran la fabrication des carreaux de revêtements à reflets métalliques.

Les pièces exposées, en général bien réussies, sont en une terre très siliceuse, légèrement colorée en jaunâtre, recouverte d'un émail semi-transparent.

Les reflets métalliques obtenus sur ces carreaux d'après les anciens procédés que ce céramiste chercheur est parvenu à reconstituer, sont d'une belle venue et disposés avec goût suivant de jolis décors exécutés librement à la main.

---

## *Greuby Faïence Company*, Boston (États-Unis).

Cette fabrique américaine exposait une série de belles poteries qui ont souvent été attribuées par les visiteurs à la Rookwood Pottery, parce qu'elles étaient réunies dans une même salle.

Les produits très originaux de cette manufacture sont étudiés avec art et très bien exécutés; la pâte de ces pièces est faite de terre rouge, leurs couvertes sont de couleurs variées, brun, jaune, bleu, vert, violet, toutes dans des nuances claires; une couverte mate d'un joli ton vert, dont cette fabrique sait tirer des effets très intéressants était surtout remarquable; ce vert, souvent veiné à la surface d'un ton plus foncé, donne aux vases qui en sont émaillés l'aspect de certaines pastèques ou courges, autant par sa belle matité que par la fraîcheur de son ton.

Les formes et les décors des produits de la Greuby Faïence Company sont dus à M. Kendrick.

Cette fabrique, fondée en juin 1897, s'occupe surtout de la production des vases décoratifs et des carreaux de revêtements; elle n'avait pas jusqu'ici exposé dans une exposition internationale.

---

## *M. Cantagalli (Fils de Joseph)*, Florence (Italie).

Cette maison, fondée en 1878, avait cette année, comme en 1889, une belle exposition de produits variés, bien exécutés en terre rougeâtre généralement recouverte d'émail blanc à l'étain.

Beaucoup des pièces exposées consistaient en copies très bien faites de vases anciens d'Italie ou de Rhodes et de sculptures de Lucca della Robbia; il est dommage de voir ce fabricant, comme bien d'autres du reste, consacrer son habileté presque exclusivement à la reproduction d'œuvres anciennes; il n'est cependant pas douteux qu'il reste encore aux céramistes des idées neuves à exprimer, les anciens ne les ont sûrement pas toutes épuisées.

M. Cantagalli est très maître de la fabrication des reflets métalliques; il les emploie avec raison non pour en recouvrir toute la surface de ses vases, mais bien pour les décorer d'ornements disposés suivant de beaux dessins; tantôt il les pose seuls, à la manière des Espagnols, tantôt il les associe à des peintures à la façon de Georgio de Gubbio.

Parmi ces lustres, en général bien réussis comme technique, on remarquait un joli revêtement décoré de raisins en lustre rouge sur un fond de feuilles en lustre jaune d'or à reflets verdâtres.

---

## *M. Laeuger (le Professeur Max)*, Carlsruhe [Bade] (Allemagne).

M. Laeuger crée des modèles et les fait exécuter par la fabrique de poteries de Kandern (Duché de Bade).

M. Laeuger, persuadé que la production industrielle de pièces décorées à la machine donne toujours des céramiques décoratives froides et ennuyeuses, fait exécuter toutes ses œuvres à la main.

Les œuvres de M. Laeuger ainsi fabriquées à main libre, frises, panneaux décoratifs, cheminées prennent, par leurs irrégularités de forme et de nuance, une souplesse et une chaleur que la trop grande précision du travail mécanique détruit presque toujours.

M. Laeuger a su trouver des formes d'une simplicité cherchée, bien appropriée à la faïence; il a rompu avec les vieilles traditions qui imposaient dans tout objet céramique, — dans les vieux poêles de la renaissance allemande, par exemple, — des corniches, des moulures, des colonnettes, des niches; dans toutes ses productions, il garde le principe d'encadrer par de grandes lignes simples le décor principal bien étudié.

C'est dans cet esprit qu'étaient conçus le panneau représentant une biche blanche dans un feuillage rouge, son poêle bleu, sa cheminée, sa belle fontaine ornée d'un paysage archaïque bleu et vert, ainsi que la frise entourant toute l'enceinte de la Section allemande.

Il est à regretter que toutes ces pièces, jolies de couleur et bien exécutées, soit déparées par de fréquentes tressaillures, défaut que tout fabricant doit aujourd'hui savoir éviter.

---

### *Farnley Company, limited,* Leeds (Grande-Bretagne).

Cette société possède, dans la ville de Leeds, d'importantes mines de houille, de fer et d'argile. Cette argile des terrains houillers est très réfractaire; elle est utilisée par la Farnley Company à la fabrication de produits céramiques qui sont cuits et émaillés à haute température, ce qui leur donne une grande résistance aux divers agents de destruction.

Cette usine produit des briques, de formes les plus variées utilisées dans les constructions; elles sont émaillées en blanc ou en couleurs diverses. Les briques émaillées ivoire ou blancs sont employées soit au point de vue sanitaire, soit pour éclairer par reflets les endroits sombres; prises à Leeds les briques émaillées de forme courante sont vendues 275 francs le mille.

La Farnley Company fabrique aussi, avec son argile réfractaire, des appareils et articles sanitaires émaillés, tels que lavabos, éviers, sièges de cabinet, vidoirs, timbres d'office, etc., et des pièces de dimensions vraiment remarquables, comme des grandes plaques d'urinoirs et des baignoires d'une seule pièce.

Tous les objets exposés par cette société étaient d'une grande régularité de forme et d'une exécution parfaite, aussi jouissent-ils en Angleterre d'une grande réputation.

---

### *Manufacture de Signa,* Florence (Italie).

Les propriétaires et directeurs de cette manufacture sont MM. Bondi frères. Les ateliers de fabrication sont situés à Signa, près de Florence, et les ateliers de décoration à Florence même.

Le but de cette manufacture est principalement de reproduire en faïence mate ou émaillée, les chefs-d'œuvre de l'art ancien, elle exécute cependant aussi des œuvres d'artistes modernes.

Ses produits, qui sont souvent de véritables tours de force de fabrication, tels que la grande tête romaine, le lion et surtout la reproduction de la Cantoria de Donatello qui se trouvaient dans le Palais de l'Italie, sont d'une exécution parfaite.

Ses terres cuites, qui ont une couleur analogue à celles de la pierre, servent fréquemment à restaurer les statues ou les sculptures d'édifices dégradées par le temps.

La manufacture de Signa est très bien installée, elle possède tous les appareils mécaniques nécessaires pour le lavage et le bon malaxage de ses terres et elle emploie de grands fours à gaz d'un système perfectionné qui lui permettent de surmonter les grandes difficultés de cuisson qu'elle rencontre dans la fabrication des pièces énormes qu'elle est souvent appelée à exécuter.

---

### *Trenton Potteries Company,* Trenton (États-Unis).

Trenton Potteries Company est la plus ancienne fabrique de poteries des États-Unis; elle a été fondée en 1862 et possède aujourd'hui six usines où sont occupés plus de mille ouvriers.

La principale production de cette société est la faïence sanitaire sous forme de lavabos, éviers de cuisine, fontaines et baignoires remarquables par leurs dimensions; toutes ces pièces bien fabriquées sont glacées d'un bel émail brillant qui semble être très résistant.

La Trenton Potteries Company fabrique aussi des porcelaines blanches et décorées, elle fait des services de table, des services à thé et à café, des articles de toilette, des jardinières, des porte-parapluies et des ustensiles de laboratoire.

Les ateliers de décoration de cette maison occupent deux cents peintres; ce chiffre suffit pour montrer toute l'importance de la Trenton Potteries Company.

Les baignoires d'une seule pièce exposées par cette société étaient très remarquables par leur parfaite réussite.

---

## *M. Roth* (*Charles*), Baden-Baden (Allemagne).

La maison de M. Roth est située à Oos, près Baden-Baden, on y fabrique des poêles et des objets d'art en faïence.

L'exposition de cette manufacture était disséminée un peu partout dans la Section allemande et il était difficile de juger de son ensemble.

D'un côté se trouvait une série de poêles de faïence exécutés d'après les modèles de M. Gœtz et de M. Hafner, architectes de Carlsruhe; ces poêles, bien fabriqués, recouverts de glaçures de tons harmonieux avaient un aspect très décoratif; plus loin on remarquait une fontaine applique, émaillée en vert foncé, composée d'une coquille soutenue par des naïades; enfin, dans la chapelle, une chaire à prêcher faite d'après le projet de M. l'architecte Max Meckel et les sculptures à M. J. Busch. Cette chaire a été exécutée en une terre qui, après cuisson, prend l'aspect et la dureté de la pierre, elle est entièrement en biscuit. Toutes les nombreuses sculptures qui ornent cette chaire monumentale, de près de 5 mètres de haut, sont parfaitement réussies comme fabrication. L'exécution en céramique de l'ensemble de cette belle œuvre a exigé le travail ininterrompu de vingt-quatre ouvriers pendant un an. La réussite de cette pièce exceptionnelle met en valeur l'habileté du fabricant Carl Roth.

---

## *M. Mamontov* (*M. D.*), Moscou (Russie).

Les faïences stannifères de M. Mamontov ont un aspect de rudesse qui étonne d'abord, mais auquel on ne tarde pas à trouver un charme réel.

Telle est l'impression qu'on éprouvait, par exemple, devant le lavabo exposé à l'esplanade des Invalides. Sur une table formée de simples carreaux blancs, se trouvaient une cuvette et un pot à eau énormes, et les autres petites pièces de la toilette de formes simples et pratiques; derrière, formant tableau au-dessus de la table, un panneau décoré de deux paons en faïence ornée d'émaux colorés et lustrés d'une jolie harmonie.

Au même endroit, M. Mamontov exposait un cadre de miroir en sapin décoré de carreaux polychromes de formes diverses encastrés dans le bois; et, à côté, dans une vitrine, on voyait une série de vases et de masques couverts d'un émail où le cuivre donnait des tons passant du noir au rouge.

Au Trocadéro, M. Mamontov présentait deux pièces intéressantes : un poêle très bien et très simplement décoré, et une remarquable cheminée, ornée de deux personnages entourés d'un harmonieux ramage des couleurs les plus vives.

---

### M. Milet (*Paul*), Sèvres (France).

M. Paul Milet se présente pour la première fois, en son nom, à une exposition universelle; il a repris, il y a quelques années, la fabrique de céramique d'art de son père Optat Milet, nom connu parmi les céramistes.

La maison O. Milet avait obtenu une médaille d'or en 1889.

M. Milet fils, qui a fait de solides études de chimie, est un technicien très habile; toutes les céramiques lui sont connues, aussi en présente-t-il de tous genres dans son exposition.

Ce sont des faïences fines de formes agréables, décorées par les procédés les plus divers : émaux cloisonnés, émaux sur paillons, fonds d'or, peintures et barbotines sous émail.

Dans toutes ces décorations, faites d'après de bons dessins, M. Milet emploie avec discernement et goût la riche palette d'émaux qu'il sait préparer lui-même.

La pâte à faïence destinée à porter ses émaux alcalins est bien étudiée et simplement composée, aussi ses produits ont-ils une solidité qui manque souvent à ce genre de fabrication.

A côté de ces jolies faïences aux brillantes couleurs, M. Milet présentait des porcelaines artistiques et des grès décorés au grand feu de couvertes de tons variés, telles que verts, céladons, bleu clair, flammés rouges, cristallisés, jaunes au titane; un grand vase décoré de feuilles vertes sur un fond de ce jaune au titane était une pièce vraiment remarquable.

---

### M. Lachenal (*Edmond*), Châtillon [Seine] (France).

M. Lachenal est un artiste qui s'est voué à la céramique; il a été dix ans directeur de l'atelier de peinture de Th. Deck. Quand il quitta ce poste, il créa une fabrique de faïence d'art dans laquelle, grâce à ses talents multiples de dessinateur, peintre, sculpteur et céramiste, il acquit rapidement un renom mérité. Dès 1885 il obtint une médaille d'argent à l'Exposition universelle d'Anvers, et en 1889 à Paris le Jury lui décerna une médaille d'or.

Parmi des vases à couverte rose mate, des figurines, des bibelots de toutes sortes qui composaient son exposition, on remarquait un beau vase à émail céladon mat formé d'une suite de canards dont les têtes, séparées par des ajours, terminaient le bord supérieur, ainsi qu'une statue de Falguières représentant une femme vidant une amphore, recouverte de ce joli émail mat velouté que M. Lachenal a introduit dans la céramique.

Cet artiste présentait, en outre, un intéressant essai d'application de la faïence à la décoration des meubles; dans les portes d'un buffet étaient incrustées des fleurs de clématites et des pavots en faïence légèrement modelés, dont les jolies couleurs s'associaient très harmonieusement avec les tons clairs du bois; on remarquait aussi une jolie cheminée, entièrement construite en faïence émaillée d'un ton vert mat, ornée de deux charmantes figures.

Des porcelaines, des grès ornés de couvertes flammées, de couvertes mates, de couvertes à coulures formant des décors à la volonté de l'artiste, complétaient cette belle et intéressante exposition.

---

### M. Kin Kozan (*Sôbéi*), Kioto (Japon).

M. Kin Kozan est un des meilleurs et des plus importants fabricants des faïences dites «Satsuma». Les pièces qu'il expose sont d'un bel aspect; nous remarquons entre les plus réussies un beau vase décoré d'iris d'un blanc bleuté très fin, une potiche sur laquelle des feuilles bleues se détachent sur

IMPRIMERIE NATIONALE.

un fond vert clair obtenu par l'oxyde de chrome, un autre vase céladon, très harmonieusement orné de fleurs bleues distribuées suivant une charmante ordonnance.

A signaler aussi dans cette exposition des peintures de moufles fort bien exécutées sur des vases à fond rouge et or, fond si cher aux Japonais.

---

## MÉDAILLES D'ARGENT.

### *M. Deck (F. Xavier)*, Paris (France).

M. Xavier Deck expose pour la première fois en son nom. Collaborateur de son frère Théodore Deck depuis 1858, il resta, à la mort de cet éminent céramiste en 1891, seul propriétaire de la fabrique de Vaugirard.

Dans les objets exposés par Xavier Deck, nous retrouvons toutes les qualités des anciennes productions très caractéristiques de la maison Th. Deck. Ce sont de beaux vases décorés de peintures sous couverte, d'émaux colorés, de fonds d'or, des plats, des coupes sur lesquels sont peints, avec une richesse extraordinaire de couleurs, des poules, des canards, des faisans aux brillants plumages, des vases ornés de sculptures comme celui *de la pêche* de Joseph Chéret, des statuettes, des bustes, entre autres celui de Marie-Antoinette de Pajou, modèle tiré des collections de la Manufacture nationale de Sèvres.

---

### *M. Massier (Clément)*, golfe Juan (France).

M. Clément Massier présentait une grande quantité, peut-être trop grande, de plats, de coupes de vases, tous revêtus de reflets métalliques; toutes ces pièces, aussi curieuses par la forme que par la variété de leurs couleurs irisées, étaient d'une parfaite réussite. Certainement l'amoncellement de toutes ces pièces du même genre a été défavorable à cet exposant.

---

### *MM. Robalben (Henry) et Mabut (Jules)*, Paris (France).

La décoration et la forme des vases récompensés sous le nom de Robalben et exposés par M. Mabut, sont bien étudiées; les tons vifs et francs des couleurs des décors s'harmonisent très heureusement avec les profils des pièces : plumes de paon, iris, pavots, fleurs des champs s'enlacent en lignes charmantes sur des vases qui portent, presque tous, la signature du peintre Laurent Desrousseaux, qui se revèle ici comme décorateur céramiste des plus habiles.

---

### *Gouvernement du Maroc* (Maroc).

Le Gouvernement du Maroc exposait une collection de vases faits en une terre blanche, légèrement grise, recouverte d'un émail transparent ou semi-transparent; ces vases, façonnés sans grand souci de rectitude, étaient ornés de décors bleus ou bleu vert et jaune, faits librement au pinceau. Bien que d'un aspect primitif, ces céramiques ne manquaient pas d'une certaine valeur.

---

### *Togo* (*Jukatsu*), Kagoshima-Kén (Japon).

Cet exposant présentait de belles faïences décorées et gravées du genre *Satsuma*. Parmi les tasses, bols, brûle-parfums, les figurines finement modelées et les vases richement décorés de cet exposant, on remarquait une fort belle pièce ornée d'une manière sobre de décors exécutés en tons d'une grande finesse.

### *MM. Brocard et Leclerc*, Paris (France).

La principale fabrication de cette maison est celle des poêles, des panneaux et cheminées en faïence stannifère. Outre leurs produits commerciaux courants, MM. Brocard et Leclerc exposaient, à l'Esplanade des Invalides, des vases, des briques, des balustres émaillés ou recouverts de lustres ainsi qu'un grand panneau décoratif qui formait le fond de leur exposition et représentait une jeune femme entourée de feuilles de houblon.

### *M. Montagnon* (*Gabriel*) *fils*, Nevers (France).

M. Montagnon continue, dans la manufacture de la Porte-du-Croux, à fabriquer des faïences stannifères décorées d'après les anciens procédés nivernais. Il a succédé à son père, qui avait lui-même repris cette fabrique en 1875 de M. Signoret.

Nous retrouvons dans cette exposition les décors Nevers, Rouen, Moustier, Italien, etc., que le rapporteur de 1878 trouvait déjà vieux à cette époque et qu'il conseillait avec raison de rajeunir : il est dommage que ce conseil n'ait pas été suivi.

La fabrication de M. Montagnon est bonne; il est capable de faire de très grandes pièces; la jardinière énorme qu'il expose en est la preuve; mais le grand n'est pas, en céramique, nécessairement le beau. Les petits et moyens objets qui entourent cette jardinière sont, quoique des réminiscences du passé, d'un aspect agréable.

### *S. A. le Maharajah de Jeypur-Kapurthala* (Indes anglaises).

Dans une luxueuse vitrine, placée dans le pavillon des Indes anglaises au Trocadéro, S. M. le Maharajah de Jeypur avait exposé, à côté de tissus splendides, d'armes et d'autres objets en métal, des vases jolis de forme et bien décorés : les uns portaient des ornements bleus, les autres des dessins bleu turquoise sur un fond blanc à l'étain; quelques pièces étaient simplement revêtues d'un fond turquoise.

Ces céramiques donnaient une note vive et brillante à l'ensemble harmonieux de cette somptueuse exposition.

### *M. Mollica* (*Achille*), Naples (Italie).

M. Mollica fabrique de la faïence stannifère suivant les procédés italiens et il s'efforce de lui donner un caractère particulier.

Son exposition contenait des plaques peintes, des objets de fantaisie, des vases de bonne forme et des terres cuites.

Les décors de toutes ces céramiques sont dits de *grand feu*, sans doute pour indiquer qu'ils sont obtenus à la même température de cuisson que la pâte elle-même.

---

M. Kornhas (*Carl*), Carlsruhe (Allemagne).

M. le professeur Carl Kornhas est un sculpteur qui a fait exécuter en faïence une belle fontaine-applique décorée d'un paon discrètement enluminé de légers reflets métalliques s'enlevant sur le ton vert sombre de l'ensemble; d'autres pièces, des vases, des bustes étaient émaillés dans le même esprit décoratif.

Ces céramiques très intéressantes, tant au point de vue de l'art qu'à celui de la technique, méritaient d'attirer l'attention.

---

M. Kaehler (*Herman A.*), Naëstved (Danemark).

Nous voyons ici des vases de luxe ornés de reflets métalliques rouges et jaunes; un entre autres est décoré de lions d'un ton cuivré magnifique. Les pièces les plus intéressantes de cette exposition sont deux frises faites de morceaux non pas rectangulaires comme d'habitude, mais fractionnées suivant les exigences du décor et fixées dans du plâtre pour en reconstituer l'ensemble : l'un représente une volée de grands aigles, l'autre les flots de la mer aux tons verts et bleus.

Ces deux frises produisaient un très bel effet.

---

M. Hoeker (*Willem*), Amsterdam (Pays-Bas).

Ce fabricant produit des faïences connues sous le nom d'*Amstelkock;* elles sont légères et bien exécutées; leurs décors sont en général sobres et faits par engobes sous couverte et aussi par enlevage de l'engobe pour retrouver la couleur du corps de la pièce. Les effets ainsi obtenus à l'aide de tons rouge, orangé, blanc et noir, sont très agréables. D'autres vases ornés de dessins gravés dans la pâte, puis recouverts d'un bel émail transparent, ajoutaient à cette intéressante exposition une note spéciale.

---

M. Mijnlieff (*J. W.*), Utrecht (Pays-Bas).

La Plateelblakkerij «Holland», c'est-à-dire la fabrique de poteries «Holland» de M. Mijnlieff, expose de petits et grands vases décorés sous émail, de fleurs brillantes sur un fond sombre dans le goût très typique des Pays-Bas, des services à café, entre autres un service octogonal et un grand panneau de revêtement représentant saint Martin partageant son manteau.

Tous ces objets soigneusement fabriqués sont en général d'une bonne couleur.

---

MM. *Fourmaintraux, Courquin et ses fils*, Dèvres (France).

Cette maison, fondée en 1863, a d'abord fait des carreaux blancs pour revêtements de cuisine, mais elle a bientôt adjoint à cette fabrication celle des carreaux, des vases et objets divers d'ameublement décorés sur faïence stannifère.

Nous trouvons dans cette exposition, parmi des pièces, copies ou réminiscences de Rouen, de Delft ou de Perse, assez bien réussies, une grande jardinière de plus de un mètre de long; quelques pièces sont revêtues de lustres métalliques ou de rouges flammés. Cette fabrique avait en outre produit les carreaux à décors arabes qui ornaient le pavillon de l'Algérie, situé au Trocadéro. Cette maison fait de réels efforts pour perfectionner sa bonne fabrication.

---

### M. Mutz (*Hermann*) Altona [Hambourg] (Allemagne).

Nous trouvons dans cette exposition des vases usuels en faïence et des vases d'ornement de bonnes formes et bien exécutés; un certain nombre de ces vases sont ornés, dans le goût du jour, de couvertes bleues et verdâtres se mélangeant en coulures assez agréables.

---

### *Collectivité des petites industries russes de Poltava et de Gjel* (Russie).

Les poteries de ces industriels étaient exposées au Trocadéro dans l'annexe des pavillons de la Russie d'Asie, avec les tissus, les objets en bois, en métal, et toutes sortes de produits des petites industries russes. En général, les fabricants MM. Boukaita (Jean), Braga, Karpenko, Kobenko, Krivonotoff, Mossotz (Pierre), Ovodoff, Ponzir, Stoupka, Tarabenko, Tchervndko (Théodore), Tchervonny, Tregouloff, d'une part, et MM. Akouline frères, Donnachef, Fediachine, Kouznezooff, Orloff, d'autre part, exposaient des produits ayant entre eux une grande analogie; ce sont des assiettes, des écuelles, des plats, des gobelets, des cruches, des bouteilles, des objets de fantaisie, des fourneaux, etc., exécutés en terre rouge ou jaunâtre recouverte d'émaux plombeux où le vert, le brun et le jaune dominent.

Ces poteries de formes rationnelles et simples offrent, par leur rudesse et par leurs décorations faites dans un goût national très typique, un charme qui repose de la froideur des pièces trop correctes ornées par les procédés mécaniques d'impression.

---

### *École de dessin technique de Moscou* (Russie).

L'École de dessin technique de Moscou expose, parmi de bons dessins et de bonnes études faites en respectant les traditions d'art national — ce qui vaut infiniment mieux que de prendre ses modèles à l'étranger, — des vases, des plats, des buires en faïence, ainsi que deux grands poêles ornementaux très bien décorés et exécutés par les élèves de cette école fort bien dirigée.

---

### *Medmenham Pottery* [Marlow] (Grande-Bretagne).

Cette maison fabrique des faïences stannifères suivant le procédé technique anglais, c'est-à-dire en employant une terre réfractaire fortement cuite, sur laquelle l'émail blanc ne présente aucune tressaillure; cet émail est du reste d'un blanc crémeux et d'un beau glacé.

Les pièces d'usage, ainsi que les pièces artistiques dans le genre della Robbia exposées par cette maison, sont d'une très bonne exécution.

---

### *MM. Loretz (Carlo Giano) et Cie*, Milan (Italie).

La maison Loretz et Cie dit elle-même être un atelier de céramique artistique de toutes les époques; nous ne trouverons donc ici, comme dans presque toutes les expositions des céramistes italiens, que des souvenirs du passé. Beaucoup de pièces d'une très belle exécution, exposées par ces fabricants, sont décorées de deux tons simplement obtenus par enlevage de dessins dans un engobe général recouvrant la terre constituant la pièce; tels étaient deux grands vases et des plats à décors blancs sur fond gris; d'autres pièces intéressantes étaient décorées de gravures sous émail jaune, brun ou vert.

Cette maison emploie une terre fine qui lui permet d'obtenir des pièces qui, malgré leur excessive minceur, sont très solides et sonores.

Les produits de M. Lorentz et Cie indiquent une grande habileté dans la fabrication.

---

### *M. Estié (E.) et Cie*, Gouda (Pays-Bas).

Cette fabrique, qui porte le nom de *Zuid Holland*, est de fondation toute récente; elle date de 1897.

Elle exposait des faïences stannifères décorées de bleu sur blanc dans le genre du vieux Delft et et aussi des décors blancs sur fond bleu, posés sur des vases, plats, chandeliers et bibelots divers.

Elle présentait de plus des revêtements et un vaste panneau où de grandes fleurs roses, soutenues par des tiges d'un vert frais, s'enlevaient sur un fond qui, bleu dans le bas, arrivait au blanc dans sa partie supérieure. Toutes ces pièces étaient de fabrication soignée.

---

### *Société de céramique de Colonnata*, Sesto-Fiorentino (Italie).

Cette société, fondée en 1891, expose des faïences dans le genre des anciens maîtres italiens; ce sont des vases, des buires, des amphores, des jardinières, des plats bien réussis comme fabrication et comme décor. De plus, une imitation d'une madone de della Robbia, présentée parmi d'autres statuettes, montre que cette fabrique possède bien l'ancienne technique de la faïence stannifère.

---

### *M. Perret (Pierre)*, Vallauris (France).

M. Perret est successeur depuis quelques années de M. Jérôme Massier; il a adjoint, à la fabrication en terre plus ou moins rouge de son prédécesseur, celle de la faïence fine blanche, ce qui lui permet d'obtenir d'autres effets décoratifs. C'est en faïence fine qu'étaient fabriquées les pièces décorées de couleurs sous couverte ou d'émaux transparents comme le grand vase bien réussi orné de violettes dans un fond vert et la fontaine ornementale à émail turquoise.

M. Perret expose aussi des reflets métalliques, mais il n'en abuse pas, ce qui prouve son bon goût.

---

### *MM. Minghetti (Ange) et fils*, Bologne (Italie).

MM. Minghetti sont des céramistes très habiles; ils possèdent à fond le métier de la faïence stannifère. Leurs sculptures, leurs bas-reliefs, leurs médaillons, sont bien exécutés; leur émail est beau. Tout serait bien s'ils montraient un peu plus de personnalité dans leurs œuvres.

### *MM. Boué et Petit*, Montigny-sur-Loing (France).

MM. Boué et Petit exposaient en faïence et en grès des objets divers décorés en général sous émail; ce sont des pièces de service de table, des tasses, des bonbonnières à fonds bleus ou gris, de grands vases obtenus par les mêmes procédés. Parmi ces vases, on en remarquait un de grande dimension, décoré d'émaux représentant un paon très brillant de couleurs, perché sur une branche s'enroulant sur la panse du vase; un autre orné de sculptures, *Le Renard et les Raisins*, était d'un bel ensemble.

### *Comité du royaume de Galicie*, Lemberg (Autriche).

Participaient à cette exposition collective : l'École professionnelle de l'industrie céramique de Kolomea, le Laboratoire de recherches céramiques de Lemberg et M. Lewinski de Lemberg. Les pièces céramiques exposées, bustes, plats et vases décorés étaient peu nombreuses; elles suffisaient cependant pour faire ressortir la bonne direction des maîtres et l'habileté des élèves.

### *Musée commercial hongrois*, Budapest (Hongrie).

Cette exposition était composée de poteries populaires, spécialités de diverses régions du pays. Elle comprenait environ 150 objets de faïence émaillée, présentés par 40 fabricants environ. Tous les objets sont décorés dans le style hongrois que le peuple a toujours conservé et que les artistes prennent aujourd'hui pour guide dans leurs compositions nouvelles.

Cette exposition collective était très intéressante, tant par les formes des objets que par leurs couleurs et leurs décorations.

### *Castro junior* et *Dias Freitas*, Porto (Portugal).

Cette raison sociale d'après le catalogue du Gouvernement portugais doit être remplacée par Dias de Freitas (J. N.) et Filho. L'exposition de cette maison comprenait deux grands panneaux représentant, l'un la mort de Robespierre et Couthon, l'autre une révolte du peuple pendant la Révolution française, peints en bleu sur émail blanc d'après le procédé de fabrication connu des *azulejos* si répandus en Portugal.

### MM. *Salvini et Cie*, Florence (Italie).

MM. Salvini et Cie (fait rare parmi les céramistes italiens) n'exposaient pas, ou du moins n'exposaient que fort peu de copies des anciens maîtres italiens.

Il ont entrepris — et on doit les en féliciter — de fabriquer des pièces inspirées de l'art moderne. Les vases ornés de fleurs polychromes en relief et ceux à fonds sombres, décorés de figures claires, étaient de jolis spécimens de leur fabrication.

### MM. *Molaroni et Cie*, Pesaro (Italie).

Cette maison, qui date de 1881, a obtenu une médaille d'argent à l'Exposition de 1885 à Anvers et une à l'Exposition de 1889 à Paris. Elle fabrique presque exclusivement des reproductions exactes et fidèles des anciennes pièces de Gubbio, d'Urbino et de Pesaro. Ces faïences sont très bien faites, mais ce ne sont que des copies qui forcément sont inférieures aux originaux.

### M. *Moreau-Nélaton (Étienne)*, Paris (France).

M. Moreau-Nélaton, artiste céramiste, présente des vases en faïence auxquels il a su fort habilement donner un aspect intéressant et neuf par des procédés simples. Il emprunte à la flore ses décorations largement conçues et bien dessinées, et garde une tonalité claire et fraîche à ses couleurs.

Les œuvres bien personnelles de M. Moreau-Nélaton reposent des nombreuses copies qu'on rencontrait trop souvent dans l'Exposition de 1900.

### M. *Förster (Alexandre)*, Vienne (Autriche).

Les vitrines de cet exposant contenaient tout à la fois des meubles, des maroquineries, des articles de bureau, des faïences et des grès artistiques.

Parmi les céramiques, nous signalerons une gourde dont l'anse était faite par le torse d'une femme, et qui était couvert d'un émail d'un ton orangé brillant dans le bas, passant au vert mat dans la partie supérieure, ainsi qu'un autre vase orné de quatre anses partant du bas de la pièce, et décoré d'iris en émaux glacés s'enlevant sur un fond mat ou, plus probablement, maté à l'acide fluorhydrique.

### Mme *Schmidt-Pecht (Élisabeth)*, Constance (Allemagne).

Mme Schmidt-Pecht expose des produits céramiques en terre cuite émaillée de blanc à l'étain; ce sont des pièces de services et des pièces d'ornement; les formes variées de ces objets sont bien étudiées; les décors, fréquemment obtenus par des gravures cernant les couleurs, sont d'aspect agréable, bien que dans une gamme un peu grise.

### M. Lerche (*Vincent*), Christiania (Norvège).

M. Lerche est un artiste qui conçoit, modèle, exécute, émaille et cuit les objets en faïence qu'il expose. Sa facture est large et souvent même osée.

Nous remarquons parmi les vases à coulures, les pièces de fantaisie décorées de crabes, de poissons, d'oiseaux, d'algues qu'il présente, un plat orné d'un gros tourteau en relief d'un joli ton, un plat à poisson fait lui-même d'un poisson ouvert en deux et une frise ornée de poissons s'enchevêtrant d'une façon très décorative.

---

### S. E. Kawame ed Defter, Téhéran (Perse).

Comme tous ses compatriotes, cet exposant présente surtout des lustres à reflets métalliques. Les Persans attachent présentement grand intérêt à la reproduction de ces lustres métalliques qui sont originaires de leur pays, ce qui semble prouver qu'ils avaient perdu les moyens de les produire.

Les échantillons de décors en lustres à reflets irisés, qui nous sont présentés ici, sont bien réussis, mais ils n'ont pas encore tout le charme qu'on trouve sur les belles pièces anciennes.

---

### MM. Pilkington, Tile et Pottery Cie, *limited*, Manchester (Grande-Bretagne).

Sous la galerie ouverte de la rue principale de l'Esplanade des Invalides, dans un espace bien aménagé, cette société présentait ses différents produits : faïences de construction, carreaux de dallages, poteries, tuiles et faïences artistiques pour revêtements. Ces revêtements muraux, remarquablement dessinés par M. Walter Crane, M. Voysey, M. Lewis Day, sont fort beaux; les émaux qui les colorent ont de très jolis tons; malheureusement beaucoup d'entre eux sont tressaillés.

Les panneaux représentant les cinq sens étaient surtout fort remarquables.

---

### M. Zemstvo Bogoroditzk, Borogoroditzk (Russie).

Cette maison exposait des poteries destinées à des usages divers; toutes ces pièces, faites en une bonne matière, sont d'une exécution qui prouve que cette fabrique possède beaucoup d'habileté dans le difficile métier de la céramique.

---

### M. Castellani (*Torquato*), Rome (Italie).

M. Castellani avait déjà exposé à Paris, en 1878; son exposition actuelle, dans laquelle se trouvent des pièces décorées sur émail stannifère dans le goût italien, montre qu'il est très habile dans son métier de céramiste et que, loin de copier servilement, il cherche à donner de l'originalité à ses imitations.

Sa fabrication est bonne et sa palette est composée de tons très brillants.

---

### *M^me^ Brantjes (V^ve^ N.-S.-A.) et C^ie^*, à Purmerend (Pays-Bas).

Cette exposition de faïences artistiques était composée de vases, de plats, de bonbonnières, de bibelots divers, décorés sous émail d'une façon agréable, mais quelquefois surprenante. On y remarquait en outre des carreaux de revêtement composant par leur ensemble un décor à grands ramages, d'un joli aspect.

---

### *M^me^ Ipsen (V^ve^ P.)*, Copenhague (Danemark).

Cette maison, fondée en 1842, s'est fait une spécialité, dans les expositions antérieures, de présenter des imitations de vases grecs, étrusques ou romains, elle en expose encore cette fois; mais elle montrait, de plus, des statuettes en terre rouge et noire, des faïences à décors obtenus par incrustation de pâtes colorées, ainsi qu'une collection de vases de formes nouvelles décorés dans le goût moderne à l'aide de couvertes colorées.

# CHAPITRE IV.

## TUILES, BRIQUES, POTERIES DE CONSTRUCTION, TERRES CUITES ARCHITECTURALES.

Dans cette classe sont comprises les céramiques à pâte tendre, c'est-à-dire rayables par le fer, pâte faite d'argile sableuse ou d'argile calcaire, à cassure terreuse, perméable à l'eau, quelquefois émaillées, comme les tuiles et les briques.

Les argiles calcaires et les argiles sableuses naturelles ne donnent pas les mêmes produits; les premières peuvent donner des matériaux de construction n'ayant pas besoin de résister à l'action des hautes températures; les secondes servent à la fabrication des produits destinés à subir les actions des feux les plus violents.

Pour les matériaux destinés aux constructions civiles ou monumentales, il faut que la pâte soit fine, suffisamment compacte après cuisson pour résister aux intempéries; elle doit aussi conserver, après cuisson, la rectitude de lignes indispensable à tout ce qui est architectural.

Les produits réfractaires doivent réunir à toutes les qualités précédentes celle d'être infusibles à de très hautes températures. Les briques réfractaires faites de matières spéciales telles que la silice, l'alumine ou la magnésie ne figuraient pas dans la classe 72.

De toutes les branches de la céramique, ce sont, sans contredit, la briqueterie et la tuilerie qui ont fait les progrès les plus marqués au point de vue industriel dans cette dernière décade. Bien que les briquetiers et les tuiliers fussent déjà, en 1889, parvenus à réaliser de grands perfectionnements dans la préparation de la pâte, le façonnage, le séchage et la cuisson de leurs produits, ils ont encore été plus loin; poussés par les exigences de leur métier, qui leur imposent de faire vite, à bas prix et en grande quantité des produits pesants, ils ont fait tous les efforts et tous les sacrifices possibles pour diminuer les frais de fabrication dans les cuissons et dans le séchage.

Si le four Hoffmann, à combustible solide ou gazeux paraissait être parfait pour les cuissons, les séchoirs laissaient encore beaucoup à désirer; aujourd'hui, le four Hoffman semble être dépassé par les fours continus à circulation, et cela surtout quand on les accouple aux séchoirs-tunnels, très supérieurs aux séchoirs employés jusqu'ici. Dans cette installation nouvelle pour la fabrication des matériaux céramiques de construction, il y a tout à la fois économie de combustible, de main-d'œuvre et d'emplacement, et, de plus, le travail continu est assuré malgré les variations de l'état de l'atmosphère.

Ces très importants résultats sont d'autant plus remarquables qu'il y a cinquante ans à peine on les considérait comme impossibles à réaliser, même en ne jugeant la question qu'au sujet des machines à façonner les briques ou tuiles.

Le façonnage à la main des briques, tuiles, carreaux, écrivent Ebelmen et Salvétat, dans leur rapport de 1851, ne pouvait être que difficilement amélioré lorsqu'on songe qu'un bon mouleur, avec son aide, peut faire 9,000 briques en un jour de 12 heures de travail. On conçoit qu'une grande partie des bénéfices que cette industrie peut procurer dépende principalement de la vigueur, de l'habileté, de la promptitude de l'ouvrier.

Le façonnage à la mécanique, au contraire, a séduit bien du monde et si, tour à tour, tant de mécaniciens et de manufacturiers se sont occupés de cette question, en variant les outils et les procédés, c'est qu'on a peut-être trop cherché dans le mécanisme en lui-même, dans le procédé mis en usage, la cause de l'existence précaire de la plupart des briqueteries mécaniques. L'un de nous a fait, sur la demande de M. Brongniart, un travail sur ce sujet. Nous transcrivons ici, presque sans modification, les réflexions auquelles nous avions été conduits. Bien que les mécanismes proposés aient augmenté considérablement, bien que des détails techniques des machines aient été changés, les conclusions que nous déduisions alors de nos études ne sauraient être modifiées.

Nous avons dit que deux ouvriers, un mouleur et son petit porteur, pouvaient faire en un jour 9,000 briques; n'en supposons que 6,000, mais à la condition qu'elles soient bien faites; il est difficile que, telle machine qu'on voudra, fît-elle dix fois plus de briques dans le même temps, n'égale pas les frais qu'entraîneraient les vingt ouvriers supposés et même ne les surpasse pas bientôt, pour produire, dans le même temps, une si grande quantité de briques : ne faut-il pas, en effet, compter sur le prix considérable d'une machine qui fait tout et, par conséquent, l'intérêt de ce capital, son entretien annuel, les réparations considérables qu'elle exige de temps en temps, les inconvénients qui résultent de son chômage, les ouvriers nécessaires pour la conduire, enfin le moteur puissant qui doit lui faire faire toutes ses opérations? Et, d'ailleurs, une machine bien faite et bien complète doit, pour payer les frais d'établissement, d'entretien, fabriquer considérablement; et alors il faut une immense exploitation de terre, des aires ou hangars très étendus pour mettre en séchage, à l'abri de la pluie, ces innombrables produits.

Or, en supposant qu'elle ait surmonté tous ces embarras, elle aura tant produit qu'elle verra bientôt encombrés tous ses canaux d'écoulement : le chômage est nécessaire et viennent avec lui toutes les pertes qu'il entraîne à sa suite.

L'appréciation sur les briqueteries mécaniques était la même en Angleterre :

De l'autre côté de la Manche, écrivent encore les rapporteurs de 1851, déjà, depuis de longues années, des hommes éminents avaient ouvert les yeux sur les chances défavorables offertes par les machines à briques, même les mieux construites, et M. Aikin, dans son rapport à la Société des Arts et Manufactures, avait dit positivement qu'en supposant seulement 5,000 briques faites à la main par un ouvrier ordinaire, l'idée de fabriquer avec une machine compliquée, nécessitant souvent des réparations importantes, ne pourrait conduire qu'à des spéculations ruineuses, même en Angleterre, où les briques représentent la majeure partie des matériaux de construction.

Ces sombres pronostics, loin de décourager les fabricants de briques et de tuiles, augmentèrent au contraire leur désir d'en montrer l'inanité. Bientôt, grâce à leur travail et leur ténacité, ils renversent l'une après l'autre les objections que des gens très compétents, mais timorés, avaient élevées contre la fabrication des tuiles et briques à la machine.

Ils adoptent, dès son apparition, le four Hoffman; ils utilisent les chaleurs perdues par les fours et les machines motrices, pour sécher les produits sortant des presses et, au fur et à mesure que leur production augmente, les commandes deviennent plus nombreuses. Ne se contentant pas de ces installations, considérées comme parfaites en 1889, les fabricants de matériaux céramiques de construction veulent encore mieux.

Ils montent alors, dans ces dernières années, les séchoirs-tunnels, construits rationnellement d'après les lois de la physique; ils les accouplent au four à circulation et ils arrivent ainsi à une solution complète du problème, jugé autrefois insoluble, de fabriquer vite, bien, en grande quantité et à bon marché.

Dans la céramique, toutes les branches se tiennent; un perfectionnement apporté dans l'une d'elles se répercute sur les autres.

Les essais de fours à circulation faits par les fabricants de tuiles et de briques profitèrent rapidement à d'autres céramistes; quand les fabricants de faïence fine eurent vu les résultats avantageux que ce nouveau four pouvait donner, ils l'étudièrent et le transformèrent pour l'appliquer à leur industrie, et aujourd'hui on parle d'en tirer parti pour la cuisson de la porcelaine.

Les céramiques architecturales sont présentement fabriquées avec une grande sécurité; les pièces exposées prouvaient que si, comme en 1878 et 1889, on avait fait appel aux céramistes pour décorer les palais de l'Exposition, ils eussent été à même de faire aussi bien, si ce n'est mieux, qu'à ces époques.

Pour la décoration des bâtiments, on emploie de plus en plus, pour obtenir de beaux effets polychromes, les briques colorées dans leur masse et les briques ou tuiles émaillées.

Les briques colorées dans la pâte sont présentement très bien fabriquées en tons très réguliers : rouge, rose, blanc et noir. Quant aux briques émaillées, elles ne présentent pas, en général, toutes les perfections qu'elles pourraient avoir; beaucoup sont tressaillées; c'est un défaut, je l'ai déjà dit, qui doit être évité et qu'on sait éviter maintenant; de plus, les briques émaillées sont encore d'un prix trop élevé pour que l'usage s'en répande,

Il n'y a nul doute que les briquetiers et tuiliers, qui ont été si osés dans la transformation de leur fabrication, ne sachent bientôt faire le nécessaire pour diminuer le prix de ces briques polychromes, d'un si joli effet dans les constructions; peut-être leur suffirait-il, pour arriver à ce résultat, d'installer une moufle à circulation.

## HORS CONCOURS.

*Union céramique et chaufournière de France,* Paris (France).

Ce syndicat professionnel a été fondé en 1870, dans le but de développer l'industrie céramique en France, d'en faciliter les progrès et de propager les inventions nouvelles.

L'Union céramique et chaufournière est mise hors concours par la présence, parmi les membres du Jury, de M. Arthur Metz, son président.

Cette chambre syndicale réunit non seulement les principaux céramistes de France, mais encore les constructeurs de machines et les producteurs ou extracteurs de matières premières servant à la fabrication des terres cuites et des terres émaillées. Elle a eu successivement pour président MM. C. Gastelier, Jules Lœbnitz, Duparc; actuellement elle est présidée par M. Arthur Metz, le sympathique secrétaire du Jury des récompenses de la Classe de la Céramique.

L'Union céramique a pris part aux Expositions universelles de 1878 et de 1889, et elle a obtenu une médaille d'or à la première et un grand prix à la seconde.

Ce syndicat professionnel étudie tous les sujets concernant la fabrication des terres cuites : il s'occupe de toutes les questions industrielles et commerciales ; il résume et recueille dans un journal, très bien rédigé, les résultats de ses travaux et de ses recherches, et il se met autant que possible en relation avec les sociétés étrangères analogues, ainsi qu'avec les gens de science qui s'intéressent à la céramique.

Cette société, qui aurait pu prendre pour devise : *L'Union fait la force*, remplit très fidèlement son programme et elle a rendu d'importants services à l'industrie céramique française ; on peut même dire que c'est à elle que sont dus les grands perfectionnements qui se sont, dans ces dernières années, introduits dans les usines céramiques.

## *MM.* GILARDONI *frères*, Bois-du-Roi, commune de Pargny-sur-Saulx (France).

La présence de M. A. Metz, membre du Jury de la Céramique, parmi les associés de cette maison la mettait hors concours.

MM. GILARDONI frères, de Pargny-sur-Saulx, sont copropriétaires des importantes tuileries d'Altkirch (Alsace), d'où sont sorties les premières tuiles à emboîtements, inventées en 1835 et brevetées en 1841.

Les tuiles mécaniques Gilardoni sont maintenant répandues non seulement dans toute la France, mais dans tout le monde civilisé ; leur apparition fut cause d'une profonde modification de l'industrie de la tuile.

La belle usine de Pargny a été fondée après la guerre de 1870 : elle obtint une médaille d'or à l'Exposition de 1889.

La participation de MM. Gilardoni frères à l'Exposition de 1900 est très importante ; ces habiles fabricants présentent un portique monumental, construit exclusivement en terre cuite, ayant sa couleur naturelle et dont l'effet architectural n'est obtenu que par une répartition bien comprise des ornements et des moulures ; ce parti pris de monochromie ne manquait pas de charme et il reposait de certaines polychromies plus ou moins hasardées.

Dans la construction de ce portique MM. Gilardoni montraient, pour la première fois, une brique établie de façon à cacher dans son épaisseur le joint de mortier. Les pièces ornementées qui entraient dans la construction de cet intéressant portique n'étaient pas simplement plaquées sur la façade à décorer, mais bien intimement mariées dans la construction générale.

La tuilerie du Bois-du-Roi présentait, de plus, des tuiles de formes variées et tous les accessoires de couverture, des tuyaux de fumée, etc., toutes pièces bien étudiées et parfaitement fabriquées. MM. Gilardoni n'emploient jamais, et avec raison, de mâchefer ou d'escarbilles dans la composition des pâtes destinées à fabriquer les conduits de cheminée ; leurs produits sont ainsi plus homogènes et risquent moins de se rompre aux changements de température.

Les productions de la maison Gilardoni frères, présentées avec goût, formaient un ensemble des plus intéressants.

## *M.* METZ (*Arthur*), Paris (France).

M. METZ (Arthur), secrétaire du Jury des récompenses, président de l'*Union céramique et chaufournière de France*, exposait des panneaux décoratifs de très grandes dimensions obtenus d'une seule pièce par un nouveau procédé de fabrication pour lequel il est breveté.

Le but que s'est proposé M. Metz est d'arriver, avec ces grandes pièces, à supprimer pour les décorations intérieures les nombreux joints nécessités par les petits carreaux.

Avec ses grands panneaux, il a le double avantage d'éviter les joints qui nuisent à l'effet décoratif, de plus, de faciliter la pose; la pose de ces grands panneaux se réduit, en effet, à fixer la pièce unique sans aucun mortier, par un simple encastrement dans une moulure.

M. Metz présentait, entre autres, trois de ses panneaux ayant plus de 2 mètres de surface. Bien entendu, les décorations de ces panneaux, qui sont de couleurs très brillantes, peuvent être de tous les genres qu'on désire : marines, paysages, figures, ornements, etc. Il y a là un élément nouveau de décoration dont les architectes sauront certainement tirer profit pour orner l'intérieur de nos habitations.

### *MM. Fillard, Colas et Cie*, Fresnes [Seine-et-Marne] (France).

La maison Fillard, Colas et Cie est mise hors concours par la présence de M. Colas dans le Jury des récompenses.

MM. Fillard, Colas et Cie sont les successeurs de M. C. Gastelier, qui fut un des promoteurs, en France, de la cuisson des terres cuites dans des fours continus chauffés par gazogène; ces fabricants ont suivi l'exemple de M. Gastelier, et ils ont installé dans leurs usines de Fresnes et de Montanglaust, tous les derniers perfectionnements connus, entre autres les tunnels-séchoirs.

Cette maison, dont les produits sont d'une excellente fabrication, expose des tuiles, des tuyaux de drainage, des carreaux et pavés céramiques, des briques ordinaires et émaillées, des briques blanches. Ces briques blanches, cuites au four à gaz, ont un très bel aspect et un ton qui se rapproche de celui de la pierre à bâtir et elles ne sont pas sujettes à verdir à l'air.

Les briques émaillées de cette fabrique sont revêtues de jolis tons frais et doux et ne présentent pas le vilain défaut de tressailler.

Si l'usage des briques émaillées ne s'est pas répandu autant qu'on pourrait le souhaiter pour l'hygiène et la clarté de nos habitations, c'est qu'en général leur prix était trop élevé; MM. Fillard, Colas et Cie pensent pouvoir les livrer à des prix tels qu'elles remplaceraient avantageusement peintures et enduits.

La belle exposition, surtout utilitaire, de cette maison présentait un grand intérêt pour les céramistes et les constructeurs.

### *M. Morel (Auguste)*, Montreuil-sous-Bois (France).

M. Morel (A.), comme membre du Jury des récompenses de la Classe 28 (Matériaux, matériel et procédés du Génie civil), était hors concours.

M. Morel a adjoint, en 1885, à sa fabrique de plâtres une briqueterie dont les produits sont très estimés; il exposait dans la Classe de la Céramique, en dehors de ses produits courants, briques pleines ou creuses, wagons et boisseaux de cheminée, des briques d'un modèle spécial.

Ces briques moulurées sont destinées à remplacer les wagons qui forment ordinairement les conduits de fumée; le fac-similé d'un mur construit avec ces briques permettait de se rendre compte comment on parvient, avec ces ingénieuses briques, à remplacer avantageusement les wagons.

### *Société des tuileries mécaniques du Berry et de Bordeaux*, Paris (France).

M. Barthe (Émile), directeur général et président de la Société des tuileries, mettait cette société hors concours parce qu'il était membre du Jury de la Classe 64 (Grosse métallurgie).

Cette société anonyme possède plusieurs usines céramiques en France : une tuilerie à Vierzon-Forges, une tuilerie à Charenton-du-Cher, une fabrique de porcelaine à Vierzon-Ville et une tuilerie à Bordeaux-la-Bastide.

Dans son exposition, cette société présentait les productions de ses diverses usines; on y voyait, à côté de services de table en porcelaine, unis et décorés, des tuiles, des faîtières, des arêtiers, des briques, des carreaux de pavage, des wagons, des mitres, des épis, des tuyaux de drainage, des hourdis, des pièces en terre réfractaire et aussi des produits émaillés.

---

## *M. Radot (Émile)*, Essonnes (France).

M. Radot était hors concours comme membre du Jury des produits agricoles alimentaires d'origine végétale, Classe 39.

Les tuileries-briqueteries des Tarterets ont été créées en 1882, par M. Radot, dans un endroit très bien situé entre deux lignes de chemin de fer et sur le bord de la Seine.

Ces usines emploient pour leur fabrication l'argile et le sable extraits dans leur voisinage, ainsi que des terres de Bourgogne.

Toute la fabrication de M. Radot est faite en pâte molle avec des terres bien malaxées; aussi les produits de cette fabrique sont-ils réputés pour leur résistance à la gelée et leur grande solidité à l'écrasement.

Cette usine produit des briques rouges et blanches de parement de très bonne qualité, des briques et des tuiles émaillées avec des émaux fabriqués à l'usine même, des tuiles et tous les accessoires de couverture de modèles très variés, des briques creuses, dont un modèle à 18 trous joint la légèreté à la solidité. Les boisseaux, wagons, ventouses, cheminées, mitres, etc., de cette maison sont à surface parfaitement lisse à l'intérieur.

L'usine des Tarterets fabrique aussi des tuyaux pour conduites d'eau et pour drainages, des balustres, des métopes, des rosaces, des cabochons, etc.

M. Radot, qui est un agriculteur distingué, s'est fait une spécialité de la fabrication des pots à fleurs et de toutes les pièces céramiques employées en horticulture.

M. Radot exposait des spécimens de ces diverses productions et une cheminée monumentale construite en briques blanches moulurées et briques émaillées.

L'importante tuilerie des Tarterets était très bien représentée à l'Exposition par tous ces produits de très bonne fabrication.

---

### GRAND PRIX.

## *MM. Muller (Émile) et Cie*, Ivry [Seine] (France).

Cette importante tuilerie a été fondée en 1854, par M. Émile Muller, ingénieur des arts et manufactures de la promotion de 1844.

M. Muller, né à Altkirch, était l'ami et le compatriote de MM. Gilardoni, inventeurs de la tuile mécanique; il conçut le projet de répandre dans la région de Paris cette nouvelle tuile, et dans ce but, il installa à Ivry, entre la ligne de chemin de fer d'Orléans et la Seine, une tuilerie. Cette usine devint rapidement très prospère, grâce à l'excellente qualité des produits qui y furent fabriqués d'après les procédés et sur les modèles de MM. Gilardoni.

La fabrication de cette tuile, à laquelle M. Muller apporta plusieurs perfectionnements de détails, est encore aujourd'hui la principale occupation de la maison E. Muller et C^{ie}: et la tuile Muller jouit toujours d'une bonne réputation justifiée par une excellente et très régulière fabrication.

M. Muller fut nommé en 1864 professeur de construction civile à l'École centrale des arts et manufactures; cette situation le mit à même de se rendre compte de l'emploi, qui avait été fait dans les constructions en France ou à l'étranger, des divers produits de la céramique; il vit qu'on n'avait pas, surtout en France, tiré tout le parti qu'on pouvait attendre de ces belles matières pour la construction et la décoration polychrome des bâtiments.

Fixé sur la valeur décorative de la céramique, il introduisit dans ses ateliers, vers 1884, la fabrication des terres cuites et émaillées pour la décoration architecturale.

Peu après, vers 1886, la maison Muller fonde une usine dans le but de produire un grès comparable à ceux de de la maison Doulton, pour les travaux de voirie et de canalisation; bientôt elle adjoint à cette fabrication toute utilitaire celle des grès d'art. Ces grès furent très remarqués, d'abord à l'Exposition de 1889, puis aux expositions annuelles des Beaux-Arts.

A l'Exposition de 1900, la maison Muller, sans négliger sa belle fabrication de tuiles et de tuyaux de conduite, présente une grande quantité de grès d'art, non seulement dans la Classe 72, mais encore en plusieurs endroits de l'Exposition, où ils contribuent à la décoration générale.

Bien que la céramique n'ait pas été, cette année, appelée à participer à l'ornementation et à l'édification des bâtiments de l'Exposition, la maison Muller a cependant su trouver et même faire naître l'occasion de prouver que cette industrie était prête, plus que jamais, à seconder l'architecte, le décorateur et le statuaire; l'exécution de la double frise de la porte monumentale en est une preuve éclatante.

Tout le monde a encore présent à la mémoire cette belle œuvre où le statuaire Guillot glorifie le travail; toutes les classes de l'Exposition y sont représentées par les puissants ouvriers qui ont contribué à créer les merveilles exposées à notre admiration; les personnages de M. Guillot avec leur chemise ouverte, leur blouse, leur tablier, leur bourgeron ont des allures viriles et nobles que le robuste grès de MM. Muller et C^{ie} rend admirablement.

Au centre de son exposition, M. Muller nous présente une décoration intérieure composée par le sculpteur Louis Chalon, où la cheminée, le cadre de la glace et le lambris forment un ensemble complet construit en céramique.

La maison Muller sait, dans son exposition où l'on rencontre, à côté des belles reproductions des œuvres de nos plus éminents sculpteurs, des tuiles, des briques et des tuyaux, unir magistralement l'utile à l'agréable.

## MÉDAILLES D'OR.

### *MM. Gilardoni fils et A. Brault et C^{ie},* Choisy-le-Roi (France).

L'usine de Choisy-le-Roi fabrique non seulement des tuiles mécaniques, des articles de couverture, des briques, des hourdis pour planchers, elle produit aussi les pièces décoratives les plus variées employées dans la construction, telles que : balustres, chapiteaux, lucarnes, cheminées monumentales, vases et statues de jardins, etc., en terre cuite et en grès, et de plus elle s'occupe de la fabrication de carreaux de revêtements en faïence fine.

La très importante maison Gilardoni fils, A. Brault et C^{ie}, emploie un personnel de plus de 500 ouvriers; son installation et son outillage lui permettent de produire rapidement des produits très bien fabriqués en très grande quantité.



IMPRIMERIE NATIONALE.

L'exposition de cette usine, fort bien présentée, comprenait des spécimens de ses différentes fabrications, mais surtout des échantillons de ses productions de céramique architecturale. On y remarquait un grand vase en terre cuite émaillée en tons vert et rouge se fondant l'un dans l'autre; un lion, grandeur nature, en émail verdâtre, belle pièce exécutée d'après le modèle du sculpteur Barye, le Voltaire de Houdon, une lucarne gothique en terre cuite du ton de la pierre, un fronton de porte, fragment du Pavillon du Touring Club, dont l'ensemble était construit au Champ de Mars. Des briques émaillées, des vases de jardin, des balustrades, des frises et des panneaux polychromes en faïence fine complétaient cette intéressante et belle exposition.

## Frazzi (*Les héritiers de feu André*), Cremone (Italie).

La maison Frazzi avait une belle exposition de tuiles, briques, briques creuses d'une grande légèreté, et d'autres matériaux céramiques de construction, tous très bien fabriqués en une belle terre rouge d'un grain fin et serré.

On pouvait rencontrer dans d'autres expositions des produits de qualité semblable, mais on ne trouvait nulle part ailleurs des pièces analogues à ces grandes briques creuses pour hourdis de plus de 3 mètres de longueur, de formes droites ou cintrées, et qui, malgré ces énormes dimensions, étaient cuites uniformément et sans aucune fissure, ni aucune déformation.

La maison Frazzi présentait plusieurs de ces pièces extraordinaires qui étaient toutes d'une réussite parfaite.

La confection de ces pièces, d'une grande difficulté d'exécution, semble n'être qu'un jeu pour ces habiles fabricants.

## *MM. Janin frères et Guérineau*, Paris (France).

L'usine qu'exploitent MM. Janin frères et Guérineau a appartenu antérieurement à MM. Huet et Beudon fils; elle avait été fondée en 1855 par MM. Beudon et Dalifol.

Depuis que MM. Janin frères et Guérineau sont à la tête de cette maison, ils l'ont habilement dirigée dans la voie du progrès.

La fabrication comprend deux genres distincts: les produits réfractaires, d'une part, et, de l'autre, la céramique architecturale.

Fort bien outillés pour la fabrication, les ateliers des matériaux réfractaires produisent des briques de terre réfractaire, des briques de silice ou de bauxite et des pièces spéciales pour la construction des fours des formes les plus diverses; suivant les formes et les usages auxquels ces objets sont destinés, ils sont façonnés soit à la main, soit à la machine. Dans la partie de l'usine destinée à la fabrication des produits pour la décoration architecturale, se trouvent des ateliers de façonnage et de décoration, une batterie de six moufles pour cuire les décors sur faïence et un four à flamme renversée dans lequel sont cuits les grès et les couvertes de grand feu.

A la Classe 72, MM. Janin et Guérineau exposaient un mur en briques de grès de très belle qualité devant lequel se tenait un apprenti très originalement campé, modelé et exécuté par M. Lebarque; au Champ de Mars, ils présentaient un ensemble architectural en grès, dans lequel étaient réunies des copies des pièces les plus célèbres de la céramique ancienne et moderne. Ces copies, en général, convenablement exécutées, prouvaient de la part de leurs auteurs une grande connaissance de leur métier; mais je crois qu'il est toujours dangereux de vouloir reproduire des chefs-d'œuvre; quelle que soit l'habileté que l'on possède dans son art, jamais une copie ne vaut l'original.

## *M.* Appiani (*Graziano*), Trévise (Italie).

M. Appiani (Graziano), favorisé par une belle argile qui lui permet d'obtenir des produits d'une grande finesse de pâte, rappelant celle des anciens vases étrusques, fabrique de très beaux matériaux de construction, des tuiles, des faîtières, des mitres, des briques creuses d'une très grande légèreté, ainsi que des carreaux de dallage d'une grande rectitude de forme et de nuance.

## *M.* Royaux *fils*, Leforest (France).

La tuilerie mécanique de Leforest (Pas-de-Calais) fabrique des produits dont la bonne qualité est connue depuis de longues années; dès 1863, la Société des architectes de Paris en faisait l'éloge en disant : «Nous avons trouvé les tuiles Royaux, après trois années d'existence, tout aussi belles que celles déposées comme spécimens au siège de la société, sans qu'elles se soient exfoliées, sans trace de mousse, ni de teinte verte.»

Cette maison exposait des échantillons de sa fabrication courante : des tuiles pannes, des tuiles vitrées, des tuiles faîtières, des carreaux pour pavage, des tuiles spéciales pour rotondes, des tuiles de rive, des frontons, des épis, des poinçons plus ou moins ornementés, en terre rouge mate. Elle présentait aussi ces mêmes matériaux de couvertures vernissés en rouge et en noir.

Tous ces types de produits courants de la tuilerie de Laforest étaient d'une belle et bonne fabrication.

## *M.* Sachot (*René*), Montereau (France).

La fabrique que M. Sachot exploite aujourd'hui a été fondée en 1767. M. Sachot a su faire de cette antique briqueterie une usine des plus neuves; il y a installé un des premiers fours à feu continu qui aient fonctionné en France, et il y a introduit les machines les plus perfectionnées employées pour la fabrication des briques et des tuiles.

Située à Montereau, cette usine dispose des belles argiles réfractaires de la région; M. Sachot, en habile céramiste, sait en profiter pour obtenir des produits d'excellente qualité.

Il fabrique surtout les tuiles, briques et terres cuites de bâtiment; mais là où il excelle, c'est dans la production des briques colorées naturellement dans la masse en rouge, en rose et en blanc jaunâtre.

La sûreté avec laquelle M. Sachot obtient régulièrement ces briques de couleurs variées est réellement remarquable.

## *MM.* Altairac *frères*, Alger (France).

L'importante tuilerie-briqueterie d'Aïn-Schrouna, de M. Altairac, est située à Maison-Carrée, près d'Alger, à proximité de carrières d'argiles.

Cette usine très bien installée et outillée peut produire en un jour plus de 45,000 pièces : on y fabrique la tuile à recouvrement, modèle de Marseille, la tuile *écaille*, la tuile ronde romaine, des faîtières, des poinçons unis et ornés, des frontons, des mitres, des boisseaux de cheminée, des briques pleines et creuses de tous les modèles employés dans les constructions et des tuyaux de drainage.

Cette usine s'est beaucoup développée dans ces dix dernières années; en 1889 elle n'avait qu'une centaine d'ouvriers, aujourd'hui elle en occupe plus de 250. Cette prospérité est la meilleure preuve de la qualité de ses produits.

---

## *M. Escoyez (Louis)*, Tertre (Belgique).

Cette importante maison, fondée en 1842, comprend aujourd'hui trois usines : deux en Belgique, celle de la gare de Tertre où l'on fabrique les produits réfractaires et les dalles spéciales pour usines, et la fabrique du bois du Tertre où l'on s'occupe spécialement de la fabrication des carreaux et des pavés céramiques, et la troisième en France, l'usine de Mortagne-du-Nord, où se font, comme dans l'usine de la gare du Tertre, les produits réfractaires et les dalles pour usines.

Ces trois maisons, puissamment outillées, fabriquent annuellement 40,000 tonnes de produits réfractaires, 200,000 mètres carrés de dalles d'usines et la même quantité de carreaux et pavés céramiques.

La maison Escoyez possède et exploite des gisements d'argiles réfractaires, de sable et de quartz aux environs de Tertre, dans la province de Namur, et aussi en France et dans les provinces rhénanes.

Elle exposait des échantillons de ces matières premières ainsi que de nombreux spécimens de briques réfractaires destinées à la construction des fours de verrerie, de métallurgie, etc., des cornues à gaz et des produits spéciaux pour les industries chimiques, des dalles et des pavés céramiques de de divers modèles.

La production de cette importante maison, qui avait obtenu une médaille d'argent à l'Exposition de 1889, a plus que triplé depuis cette époque.

---

## *MM. Oustau et Cie*, Aureilhan-Tarbes (France).

Les établissements Oustau et Cie comprennent cinq ateliers distincts : le premier pour la fabrication des tuiles et briques, le second pour les carreaux et les pavés en grès-cérame et les produits réfractaires, le troisième pour la poterie à feu et les ustensiles de ménage, le quatrième pour les tuyaux en grès vernissé et les appareils sanitaires, le cinquième pour les articles de fantaisie en faïence émaillée.

Ces ateliers occupent plus de 200 ouvriers; la tuilerie-briqueterie utilise deux grands fours à feu continu, surmontés de séchoirs; la fabrication des grès dispose de deux grands fours intermittents à flamme renversée.

Les produits de la maison Oustau ont été reconnus, par des essais officiels, de bonne qualité.

Les spécimens exposés de ces fabrications variées, briques, tuiles en terre rouge, mate ou émaillée, tuiles et briques en grès, faîtières, frontons, épis, vases, balustrades, tuyaux en grès de toutes formes, dalles, pavés en grès, etc., montraient l'importance de cette maison et les bonnes qualités de sa production.

---

## *M. Colin-Muller*, Auneuil (France).

La maison Colin-Muller possède deux usines, l'une à Auneuil, où sont fabriqués des tuiles et des carreaux dits de *Beauvais*, l'autre à Saint-Paul qui produit plus spécialement les carreaux rouges et blancs dits de la *Vallée de Bray*.

Les deux usines de M. Colin-Muller ont à leur disposition cinq fours à feu continu, plus de 400 ouvriers y sont occupés; elles peuvent, grâce à leur bon outillage, produire 25 millions de pièces par an.

Cette maison, qui s'est notablement augmentée depuis 1889, fabrique des tuiles et toutes les pièces employées dans la couverture, des carreaux de pavage, des poteries de bâtiments, des briques pleines et creuses, des briques de parement blanches et rouges, des tuyaux de drainage, des éléments de balustrades, des tuiles vernies et émaillées en noir, etc.

Des spécimens bien fabriqués de ces divers produits céramiques formaient l'exposition de cette importante maison.

## MÉDAILLES D'ARGENT.

### *M. Bonzel (Charles)*, Haubourdin (France).

Cette usine, fondée en 1820, exposait dans un emplacement très restreint des échantillons de ses diverses fabrications, tels que : tuiles à emboîtements, briques creuses, briques ordinaires, briques de parement, poteries de cheminées du genre Gourlier et tout un assortiment de tuiles et briques émaillées de tons variés. Bien qu'exclusivement formée de produits courants, cette exposition n'en était pas moins intéressante, par la bonne fabrication des pièces présentées.

### *M. Lombard (Benoît)*, Septveilles-Sainte-Colombe (France).

M. Benoît Lombard exploite une fabrique importante de briques, fondée en 1854, dans laquelle il utilise les terres bien connues des environs de Provins.

Les pièces exposées par M. Lombard sont des briques réfractaires et d'autres produits réfractaires de bonne qualité, des tuyaux de drainage et des briques de différentes couleurs pour la construction et aussi quelques pièces décoratives.

### *Grande tuilerie de Normandie*, Argences (France).

La Grande tuilerie mécanique perfectionnée de Normandie a été construite en 1871-1872 sur l'emplacement d'une ancienne tuilerie fondée en 1740 et des tuiles de cette époque restées tout à fait intactes, recouvrent encore les vieux bâtiments voisins. La tuilerie de Fresne-d'Argence est munie de toutes les machines nécessaires à un malaxage soigné et à une bonne fabrication en pâte molle; ses produits sont cuits dans deux fours continus et un four intermittent.

Les nombreux essais qui ont été faits des tuiles d'Argences en ont établi la bonne qualité.

Cette usine possède un atelier spécial pour le façonnage des pièces tournées ou moulées; elle emploie 250 ouvriers.

Outre les tuiles, briques pleines et creuses, mates ou émaillées, les tuyaux de drainage, cette maison présentait des hourdis de formes très bien étudiées.

Le directeur de cette importante fabrique est M. Pornet.

### *M. Sauvard (Martin)*, La Guerche (France).

M. Sauvard (Martin) exploite une tuilerie et une briqueterie mécaniques d'où sortent des produit de divers modèles de bonne qualité. Cet industriel fabrique quelques articles qui lui sont propres, comme les hourdis à nervure et les briques à hourdis, qui portent son nom; il exposait, outre tous les produits courants de son usine, faits en belle terre rouge, des tubes recourbés en spirale plate pour faire apprécier la finesse et la plasticité de l'argile qu'il emploie dans sa fabrication.

### M. *Zinstag* (*A.*), Korch, près Regensburg (Allemagne).

L'exposition de la tuilerie Zinstag se composait presque exclusivement des tuiles de belle qualité qui formaient la couverture du pavillon de l'empire d'Allemagne.

### M. *Voulgaris* (*Victor*), Athènes (Grèce).

La céramique grecque ne figurait pour ainsi dire pas à l'Exposition.

Parmi les rares exposants de ce pays on remarquait M. Voulgaris qui présentait des ornements en terre cuite bien exécutés en une bonne matière.

### MM. *Baudelot* et *Henry*, Paris (France).

MM. Baudelot et Henry ont, en 1899, agrandi une fabrique que M. Henry exploitait depuis 1894, sur les bords de la Seine, aux environs de Montereau.

Cette usine fabrique avec les belles argiles réfractaires de cette région, et à l'aide des appareils les plus perfectionnés, broyeurs, malaxeurs, tunnel-séchoir Möller et fours continus, des produits réfractaires de tous genres : grosses briques de fours pour métallurgie ou verrerie, creusets, cornues, briques réfractaires, briques de construction mates ou émaillées en terre blanche et rouge.

Des spécimens de ces divers types de produits très bien fabriqués composaient cette intéressante exposition.

### *Société Dskwoulski* et *Langué*, Varsovie (Russie).

L'importante exposition de cette société contenait de belles briques bien fabriquées, des tuiles d'un bon modèle, des carreaux de dallage et des pavements jolis de couleur et de dessin, et aussi toute une collection des argiles employées à la fabrication des produits de cette manufacture.

### *Collectivité du Canada*, Canada (Grande-Bretagne).

La Collectivité du Canada est formée des fabricants des districts de Lincoln et de l'Ontario et de celui du Canada proprement dit. Cette exposition se composait de briques faites en pâte sèche avec l'argile compacte des terrains houillers, nommée *argilite*, de briques et de tuyaux de drainage en terre rouge et de carreaux de pavage simples ou décorés, obtenus par compression à sec. A côté de ces produits d'une très bonne fabrication, étaient exposées les matières premières qui entrent dans leur composition.

### *M. Germán Esteban (Candido)*, Palencia (Espagne).

Cette fabrique produit tout à la fois des terres cuites et des grès; ses ateliers, bien installés, sont pourvus de machines pouvant produire 40,000 tuiles ou briques par jour; ses cuissons se font dans un four continu. M. Germán Esteban exposait des briques, des tuiles de divers modèles très bien fabriqués en terre cuite, ainsi que d'excellents tuyaux et carreaux de dallage faits en un grès d'une grande dureté.

---

### *M. Ludowici (Carl)*, Jockgrim (Allemagne).

La tuilerie de M. Ludowici, située à Jockgrim, dans le Palatinat, est une des plus importantes de l'Allemagne; elle a été fondée en 1857 auprès de carrières d'argile qui avaient déjà été exploitées par les Romains pour fabriquer des tuiles. Cette usine occupe 750 ouvriers et produit 20 millions de tuiles par an.

Son exposition contenait des tuiles de différents modèles en terre mate ou diversement émaillée, ainsi que toutes les pièces céramiques, simples ou ornementées, employées pour la couverture des bâtiments.

---

### *Société centrale des briqueteries de Vaugirard*, Paris (France).

Cette très importante société, dont M. Fénéon est l'habile directeur, exploite pour sa fabrication les riches gisements d'argile du Sud-Ouest de Paris; elle a été formée par la réunion des anciennes maisons Chevalier et Bouju, Mortier et Etienne, Meunier et C^ie^, Masselin; elle possède sept usines: quatre dans le quartier de Vaugirard à Paris, et trois à Issy.

Très puissamment outillée, au point de vue mécanique, cette société dispose de sept fours à feu continu de grande capacité. Les principales productions de la Société centrale sont les briques en terre rouge, les briques creuses, les boisseaux de cheminée ou poteries Gourlier. L'exposition de ces divers produits, très bien présentés, était accompagnée de celle d'une cheminée monumentale édifiée exclusivement en briques ordinaires, taillées suivant les profils donnés par l'architecte.

---

### *MM. Denis et Cavanie*, Fresnes (Seine) [France].

MM. Denis et Cavanie se servent pour leur fabrication de la très bonne terre de Fresnes qui, depuis fort longtemps, est employée à la fabrication des tuiles; il existe encore dans le pays des couvertures intactes faites avec ces tuiles il y a plus de cent ans. Ce fait suffit pour établir l'excellence des tuiles de Fresnes. Cette usine cuit, dans un four à feu continu, ses divers produits qui consistent en tuiles mécaniques, briques pleines et creuses, carreaux, poteries, tuyaux et pots à fleurs.

M. Denis, très habile fabricant, est vice-président de l'Union céramique et chaufournière de France.

---

### *M.* DUCOUROY, Ivry-Port (Seine) [France].

La maison Ducouroy fabrique des produits réfractaires tels que de grosses briques pour constructions de fours, des creusets, des cazettes et rondeaux pour les fabricants de porcelaines, des plaques et des colonnes pour construire les planchers dans les moufles, des moufles à parois creuses et à emboîtements.

Tous les objets qui figuraient à l'Exposition étaient d'une fabrication très soignée. La maison Ducouroy présentait, en outre, le modèle d'un four de verrier.

---

### *M.* COLOZIER (*Octave*), Saint-Just-lès-Beauvais (Oise) [France].

La fabrique de Saint-Just-des-Marais, fondée en 1838, a été reprise en 1886 par M. Octave Colozier, le propriétaire actuel.

Cette usine, bien située près de la gare de Beauvais, est outillée de façon à pouvoir produire plus de 50,000 pièces par jour; la cuisson de ces produits s'opère dans deux fours continus chauffés par gazogènes. La fabrication de la maison Colozier consiste en carreaux de la vallée de Bray, unicolores, rouges, blancs, gris, bruns et noirs, et en carreaux rouges de Beauvais.

La production de cette usine dépasse 350,000 mètres de carrelage par an.

## CHAPITRE V.

### MACHINES. — FOURS. — MATIÈRES PREMIÈRES. — COULEURS.

Dans ce chapitre se trouvent réunis les exposants qui n'apportent qu'un concours indirect à l'industrie céramique, tels que les ingénieurs, les constructeurs de fours, les mécaniciens, les extracteurs de matières premières, argiles, kaolins, sables, etc., et les chimistes, fabricants de couleurs et d'émaux.

Les perfectionnements apportés par les ingénieurs à la céramique depuis 1889 sont nombreux et importants; ils ont été signalés dans l'introduction de ce rapport en parlant des fours continus, des séchoirs, des mesures de température, des recherches sur les coefficients de dilatation des pâtes et des couvertes, des appareils divers servant à surveiller la marche des cuissons, etc. Plusieurs de ces perfectionnements sont dus à des ingénieurs, qui ont soumis leurs projets, leurs plans ou leurs appareils à l'appréciation du Jury de la Classe 72.

Les constructeurs mécaniciens exposaient des machines qui, bien que rentrant pour la plupart dans les types dont nous avons parlé dans l'introduction, présentent cependant d'intéressants perfectionnements qui en rendent le fonctionnement plus sûr et la production meilleure et plus rapide.

Les machines exposées étaient surtout des machines destinées au façonnage des briques, tuiles, porcelaines, etc.; les machines à imprimer les feuilles chromolithographiques employées à décorer les diverses poteries faisaient défaut. Du reste la place qui avait été réservée pour les machines à l'Esplanade des Invalides était insuffisante pour permettre aux mécaniciens d'exposer suivant leur désir.

La fabrication des couleurs vitrifiables qui, il y a un demi-siècle, se réduisait à la préparation de quelques couleurs, dont des praticiens comme Mortelèque, Colville, Bunel, etc., avaient la spécialité, a continué à se développer et à suivre le mouvement de progrès que signalait déjà le rapport de 1889, et, aujourd'hui, elle est devenue une véritable industrie.

Pour se rendre compte de l'importance qu'a prise l'industrie des couleurs vitrifiables, il suffit d'ouvrir un catalogue français, anglais ou allemand d'un fabricant de ces produits; on y voit des émaux tendres, des couvertes pour poterie crue ou cuite, des vernis hygiéniques sans plomb, des engobes ou barbotines, des émaux opaques et transparents, des couvertes pour tuiles, briques et carreaux, des émaux alcalins transparents pour faïence fine, des couleurs pour majoliques, d'autres pour peindre au feu de moufles sur faïence fine, porcelaine, ou tôle, des couleurs pour peindre sur émail stannifère, des couleurs sous émail pour peinture et impression sur biscuit de faïence fine, des couleurs pour grès, des couvertes pour grès, des solutions de sels métalliques pour colorer le biscuit par teinture, des émaux et couleurs pour le verre, le cristal, l'or, le cuivre, le fer, la fonte.

Cette énumération montre bien la transformation apportée à l'Industrie des couleurs vitrifiables; nous sommes loin de l'époque où le préparateur de ces matières n'était, pour la plupart du temps, connu que pour une seule couleur, l'un pour son bleu, l'autre pour son rouge ou son carmin.

D'où vient ce progrès énorme fait par l'industrie des couleurs vitrifiables? Je crois qu'on doit l'attribuer en grande partie aux travaux et aux publications des savants et chimistes qui ont étudié les diverses couleurs qui jusqu'alors n'avaient été faites que d'après des formules empiriques; ils ont établi qu'elles pouvaient être faites rationnellement, en prenant pour guides les lois de la chimie qui régissent la production et la coloration des silicates ou borosilicates fusibles.

Les publications qui ont le plus contribué à perfectionner la fabrication des couleurs et des émaux sont, sans contredit, celles de Brongniart sur les couleurs de moufles, les couvertes colorées de porcelaine dure et sur les émaux de porcelaine tendre; de Salvétat, sur les pâtes de porcelaine colorées, desquelles on a dérivé les barbotines employées sur faïences; de MM. Lauth et Vogt, sur les couvertes et les émaux de porcelaines, ainsi que celles faites en Allemagne par M. Seger, sur les couvertes, les émaux et les couleurs sous couverte.

Ces travaux et d'autres, qu'à mon grand regret j'oublie sans doute de citer, ont contribué à substituer dans la fabrication des couleurs, la méthode scientifique aux anciens errements qui ne se basaient que sur des recettes plus ou moins obscures laissées par les anciens alchimistes ou arcanistes.

Si la science a perfectionné les modes de préparation des couleurs vitrifiables, elle n'a enrichi que fort peu la palette céramique, et plus d'une fois on s'est aperçu que la couleur qu'on croyait nouvelle datait déjà de longtemps. C'est le cas des couleurs données par le titane, si employées aujourd'hui sur les grès; en effet Bouillon-Lagrange en signale dès l'an VII dans son *Manuel d'un cours de chimie* l'utilisation pour faire des couleurs céramiques; il écrit là : « L'oxyde de titane natif (schorl rouge) fondu avec l'émail, donne à la porcelaine un jaune de paille pur et uniforme. On s'est servi, pendant longtemps, à la Manufacture de Sèvres de ce schorl ou oxyde de titane, pour colorer la porcelaine en brun. » On continua à l'employer, pendant un certain temps, pour faire des jaunes au grand feu sur porcelaine, mais on l'abandonna parce qu'il avait l'inconvénient de changer de ton par la moindre différence de température ou d'atmosphère dans la cuisson. Les goûts ont changé, et les variations de tons, depuis le jaune jusqu'au violet que donne l'oxyde de titane dans les couvertes, sont aujourd'hui considérées comme une qualité au lieu d'être prises pour un défaut comme autrefois.

On s'est préoccupé, et on se préoccupe encore avec raison, de la question de la suppression de l'oxyde de plomb dans la préparation des glaçures et des émaux, surtout dans le but de soustraire à l'intoxication saturnine les ouvriers appelés à manipuler des journées entières les émaux plombeux en poudre. Une première solution a été trouvée et appliquée, il y a une quinzaine d'années; elle consiste à introduire dans les émaux de l'acide borique et à substituer la chaux à l'oxyde de plomb; les glaçures ainsi composées sont des silicoborates de chaux et de potasse, qui donnent des résultats satisfaisants; leur emploi ne s'est cependant pas généralisé et trop souvent encore dans les ateliers les glaçures sont à base d'oxyde de plomb.

M. Peyrusson, pharmacien, professeur à l'École de Limoges, vient d'indiquer une toute autre voie pour supprimer l'oxyde de plomb dans les émaux; il propose de le remplacer par l'oxyde de bismuth; il a présenté à l'Exposition une palette complète de couleurs céramiques faites d'après ce principe.

Les chimistes exposaient pour la première fois, du moins dans la section française, un produit qui ne se préparait jusqu'ici qu'en Allemagne; je veux parler de l'or brillant. L'or brillant avait intéressé plusieurs chercheurs soit avant, soit après le brevet pris en 1850 par Dutertre; mais on n'était pas parvenu en France à fabriquer un or brillant ayant les qualités de celui d'Allemagne; jusqu'à ces derniers temps, tout l'or brillant employé en France était importé de l'étranger. Aujourd'hui, la question est résolue et l'or brillant fabriqué dans notre pays ne le cède à aucun autre pour la solidité et la beauté.

Mais, qu'il soit allemand ou français, l'or brillant ne donne qu'une dorure peu durable et il n'est recherché que parce qu'il permet de procurer, à peu de frais, un aspect riche aux faïences et aux porcelaines.

Les matières premières : argiles, kaolins, feldspaths, sables, n'étaient présentées que par quelques exposants. Ce fait s'explique; le propriétaire de carrières a peu d'intérêt à exposer, parce que ses matières d'un prix peu élevé ne peuvent supporter les frais d'un long transport, ce qui l'empêche d'espérer des clients hors de sa région; d'autre part, il est difficile, sinon impossible au visiteur d'une exposition, de se rendre compte à simple vue de la valeur de ces matières premières.

## HORS CONCOURS.

### *M.* Faure *(Pierre)*, Limoges (France).

M. Faure, membre du Jury, est l'ingénieur-constructeur bien connu qui a apporté une transformation complète dans la fabrication de la porcelaine en France et à l'étranger par l'invention des machines qui lui valurent un grand prix en 1889.

Les premières machines à assiettes furent présentées à l'Exposition de Vienne en 1873; elles étaient bien, mais M. Faure voulut mieux et il les a constamment perfectionnées dans les moindres détails, leur ajoutant de ces riens qui rendent parfait un appareil déjà fort bon. Il a fait de même pour son ingénieuse machine à plats ovales, qui date de 1878; aujourd'hui cette machine ne laisse plus rien à désirer : précision, douceur dans les mouvements, compression égale de la pâte dans toutes ses parties, automatisme complet pour une production parfaite des grands plats ovales à profils réguliers ou irréguliers, se trouvent réunis dans cette magnifique machine.

A côté des machines à assiettes et à plats ovales M. Faure exposait une série de machines très bien conçues et établies pour fabriquer les pièces de grand creux; cette série comprend la machine à grandes croûtes de pâte, celle à faire les housses et celle destinée à façonner la pièce de grand creux elle-même; cette dernière est d'une construction des plus remarquables.

Il présentait aussi une très ingénieuse machine à calibrer les tasses, bols, soupières, etc, des machines destinées à la fabrication des moules en plâtre, des tours à user les grains et à polir; en un mot tout l'outillage employé dans la fabrication des porcelaines.

Toutes ces machines, construites avec élégance et solidité, ajustées avec une précision rare, dénotent, de la part de leur inventeur, une grande connaissance des exigences du métier de porcelainier et une science profonde de l'art du mécanicien.

---

### *M. Filliard (Anatalis)*, Fresne (France).

M. Filliard était hors concours parce que M. Colas, son associé dans la maison Filliard, Colas et Cie, faisait partie du Jury de la Classe 72.

L'exposition personnelle de M. Filliard consistait dans les plans du four à gaz que ses doubles connaissances d'ingénieur et de céramiste lui ont permis d'établir dans les meilleures conditions d'économie de combustible, de rapidité de production et de régularité de qualité des produits obtenus.

Il serait superflu de faire l'éloge de ce four dont les qualités ont été reconnues par les nombreux fabricants qui en font usage.

---

### *M. Damour (Émilio)*, Paris (France).

M. Damour, ingénieur civil des mines, chef des travaux chimiques à l'École nationale supérieure des mines, était membre du Jury de la Céramique.

M. Damour s'est beaucoup occupé des fours à gaz et entre autres des fours Siemens, sur lesquels il a publié une très intéressante étude dans les *Annales des Mines;* il a, dans ce travail, été amené à étudier au point de vue industriel le pyromètre de M. Le Châtelier et il a publié ses observations sur ce précieux instrument dans le *Bulletin de l'Association amicale des anciens élèves de l'École des Mines.*

M. Damour a fait paraître dans le *Bulletin de la Société d'Encouragement* des mémoires relatifs à la céramique, entre autres sur l'influence des atmosphères oxydantes et réductrices sur les couvertes de grand feu et sur les dilatations des pâtes céramiques entre 15 et 100 degrés par la méthode de Fizeau, simplifiée par M. Le Châtellier.

M. Damour exposait un four à moufle à récupérateur de son invention, que construisent MM. Adnet frères, et les projets d'un four continu pour les cuissons des céramiques.

Sa qualité de membre du Jury mettait M. E. Damour hors concours.

---

## MÉDAILLES D'OR.

### *M. Joly (Jean)*, Blois (France).

M. Joly est un briquetier qui a su concevoir et construire, en 1867, les machines dont il sentait le besoin pour sa propre industrie.

Les machines à hélices de M. Joly furent très appréciées par ses confrères et, pour satisfaire aux demandes de machines semblables, il fut amené à adjoindre à sa briqueterie un atelier de construction de machines.

M. Joly exposait comme constructeur-mécanicien, dès 1878, à l'Exposition universelle de Paris.

La maison Joly expose cette année des machines à hélices pour fabriquer en terre molle ou ferme les briques pleines et creuses, des machines spéciales pour la fabrication des tuiles plates, des presses à rebattre, des presses à tuiles à pressions successives, des mouleuses à cylindres; en un mot tout l'outillage spécial à la fabrication des briques, des tuiles, des tuyaux, etc.

Parmi ces machines, nous signalerons comme munies d'ingénieux et nouveaux dispositifs : la machine à rebattre à genouillères, qui évite toute chance d'accident à l'ouvrier chargé de sa manœuvre; la machine à cylindres, travaillant à volonté horizontalement et verticalement.

Toutes ces machines, bien étudiées par un constructeur qui, en sa qualité de briquetier, connaît bien les exigences du métier sont fort bien construites, et dignes de la vieille renommée de cette maison.

---

## *M. Schlickeysen (C.)*, Berlin (Allemagne).

M. Schlickeysen exposait au Champ de Mars, dans le pavillon de l'Allemagne; il avait dans cet endroit un sérieux avantage sur les exposants de l'Esplanade des Invalides, celui de pouvoir faire fonctionner ses machines.

Cette maison, fondée en 1850, est une des plus anciennes et des plus importantes de l'Allemagne pour la construction des machines à briques, tuiles et autres; elle brevetait en 1854 l'emploi de l'hélice, en 1858 les filières humidifiées à revêtements de plaques de laiton, en 1874 les cylindres d'alimentation pour presses horizontales à briques.

La maison C. Schlickeysen présentait et faisait fonctionner à l'Exposition une grande machine à briques, capable de produire simultanément des briques pleines ou creuses et des carreaux par trois filières à angle droit, deux latérales, une suivant l'axe longitudinal; la distribution de l'argile pour faire ces triples produits est faite automatiquement par une chaîne à godets d'un type spécial. D'autres machines analogues, mais de moindres dimensions, produisaient en même temps des briques pleines et des tuiles ou des tuyaux et des briques; une autre était munie d'un appareil ingénieux qui permettait d'imprimer sur les pavés de dallage, des rainures, et qui en même temps découpait ces pavés à la dimension voulue. Toutes ces machines, fort bien comprises, sont d'une bonne et solide construction.

---

## *M. Bourry (C.-Émile)*, Paris (France).

M. Bourry, ingénieur des arts et manufactures, s'occupe depuis 1877 des questions générales relatives à l'industrie céramique et plus particulièrement de celles des fours et des séchoirs. Il a construit des fours pour les usages les plus variés, des fours à briques de bauxite, des fours à cémenter le fer, des fours crématoires, des fours à ciments, des fours à faïences. Il a publié, en 1892, un livre sur les *Fours économiques pour briqueteries et tuileries*, et, en 1897, un *Traité des industries céramiques*.

M. É.-C. Bourry présentait à l'Exposition les dessins d'un projet de four à sole tournante, chauffé par un gazogène soufflé et muni d'un ventilateur aspirant, destiné à la cuisson de la porcelaine. Ce four est formé de deux galeries concentriques où se meuvent des soles tournantes, l'une intérieure pour la cuisson du dégourdi, l'autre extérieure pour la cuisson de la porcelaine.

Ce four qui, au premier abord, semble un peu compliqué dans sa construction n'a pas été jusqu'à présent appliqué dans l'industrie.

M. Bourry présentait également les plans d'un four séchoir du système Bourry-Rappold à sole mobile et ventilateur aspirant pour le séchage et la cuisson des briques et tuiles.

---

## *MM.* Poulenc *frères*, Paris (France).

Cette importante maison de produits chimiques pour les sciences et l'industrie, qui remonte à 1827, s'est fait, dès sa fondation, une spécialité de fournir les matières nécessaires aux céramistes, aux verriers et aux émailleurs.

La maison Poulenc frères, qui s'est beaucoup développée comme fabrique de produits chimiques pour les sciences pures, n'a pas moins fait pour garder et accroître la bonne renommée qu'elle avait su acquérir auprès des céramistes.

Ces exposants présentent dans leur vitrine, en plus de leurs oxydes, couleurs, couvertes, émaux déjà connus, une série de produits nouveaux; ce sont : l'or brillant liquide, l'or mat liquide pouvant se brunir, les couleurs de lustres irisées et nacrées, les couleurs sous couverte obtenues par dissolution de sels métalliques, et les émaux transparents pour verre; tous ces produits sont présentés échantillonnés sur les matières auxquelles ils sont destinés, porcelaine, faïence, grès, fonte nickelée, tôle émaillée, etc. L'or brillant de MM. Poulenc frères est de très belle qualité et peut avec succès soutenir la comparaison avec l'or allemand qui était précédemment seul employé en France. L'or mat liquide est une innovation qui pourra rendre des services aux décorateurs; quant aux lustres, genre Brianchon, ils dépassent en éclats et irisations ceux qu'on avait vus jusqu'ici.

Tous ces produits, dérivés de l'or dont la préparation, malgré les brevets Dutertre et autres, était restée plus ou moins mystérieuse, sont couramment fabriqués chez MM. Poulenc frères, par leur habile chimiste M. F. Robineau.

---

## *MM.* Pollard *(L.) et C^ie^*, Paris (France).

M. Pollard est l'inventeur du système de moufles construites en petites briques de forme spéciale, qui porte son nom. Cette moufle a très rapidement remplacé, à cause de sa grande solidité, les anciennes moufles à panneaux qui étaient d'un entretien très difficile, surtout pour les cuissons à température un peu élevée, comme celles des couleurs dites de *demi-grand feu* pour lesquelles la température doit atteindre la fusion de l'argent.

M. Pollard dut d'abord fabriquer, lui-même, en terre réfractaire, les briquettes qui lui étaient nécessaires pour construire sa moufle et aussi les grandes pièces, souvent d'une exécution difficile, qui en forment les foyers; puis il ne tarda pas à adjoindre à sa fabrication celle de tous les objets en terre réfractaire employés dans le service des moufles, ainsi que celle des creusets.

Tous les produits céramiques de la maison Pollard sont bien fabriqués et présentent une très grande résistance au feu; ses creusets sont d'un très bon usage pour la fabrication des couvertes et des émaux.

Toujours à la recherche des perfectionnements à apporter aux moufles, M. Pollard présentait un nouveau dispositif qui amène sécurité et économie dans le chauffage de ces appareils.

---

### *MM.* Lacroix *et Cie*, Paris (France).

M. Lacroix a étudié la céramique et la préparation des couleurs sous la direction de M. Salvétat, à la Manufacture de Sèvres; il fut un des premiers à comprendre que la fabrication des couleurs céramiques et des émaux pouvait se faire industriellement: il fonda, en 1855, une usine pour la préparation de ces matières, il y installa toutes les machines de broyage, tous les procédés de fusion nécessaires à la fabrication en quantités considérables, de belles et bonnes couleurs et à des prix acceptables pour la grande industrie céramique.

Non seulement M. Lacroix s'occupe de produire des couleurs et émaux pour les consommateurs de grandes quantités, il a su aussi rendre la peinture céramique facile à l'artiste amateur; c'est lui, en effet, qui le premier a préparé les couleurs céramiques mises en tubes comme les couleurs à l'huile, ainsi que les pastels céramiques pour décorer la porcelaine, la faïence et le verre; et, pour compléter son œuvre de vulgarisation de la peinture céramique, il a construit pour les amateurs une petite moufle qu'on peut cuire avec chance de bonne réussite dans un appartement.

Les couleurs céramiques Lacroix sont connues et estimées dans le monde entier, et le jury de 1855 ne s'est pas trompé quand il disait : «Confiant dans l'avenir de cet établissement, le jury décerne à M. Lacroix une mention honorable». M. Lacroix a dépassé les prévisions du jury de cette époque.

---

### *M.* Pinette *(Gustave)*, Chalon-sur-Saône (France).

La maison Pinette, fondée en 1830, possède des ateliers de construction de machines motrices, de chaudronnerie, de machines-outils en général et en particulier de celles pour tuileries et briqueteries.

Cette importante maison n'expose, dans la Classe 72, qu'une partie des machines qu'elle fabrique pour la céramique. On y voyait une belle machine à briques à rouleaux propulseurs pour l'étirage en terre mi-ferme des briques creuses, tuyaux, galettes pour tuiles, briques pleines; un grand et puissant malaxeur pour terre ferme; une presse à friction pour tuiles, une autre pour carreaux de grandes dimensions sans bavures; une presse rebatteuse pour les briques; une machine à hélice pour la fabrication des briques en terre molle.

Cet ensemble de belles et bonnes machines était complété par une presse à cinq pans pour la production des tuiles à emboîtements en terre molle, d'un modèle nouveau très bien compris pour une excellente et rapide production.

Tous ces outils sont bien étudiés et construits avec toute la solidité que demande le travail souvent brutal du façonnage mécanique de la terre.

---

### *MM.* Boulet *et Cie*, Paris (France).

La maison Boulet et Cie présente, à l'Esplanade des Invalides, les diverses machines employées pour la fabrication des tuiles et briques.

Malgré le peu de place attribué à cette exposition, M. Boulet est parvenu à y monter une installation complète de fabrication, composée d'un transporteur montant la terre des fosses, un malaxeur posé immédiatement au-dessus d'une machine à mouler à hélice. A côté de cet ensemble, la maison Boulet présentait des presses à rebattre, des presses à friction pour tuiles et des machines pour la fabrication des tuyaux et des poteries de cheminées.

Une presse à friction et à plateau tournant pour rebattre les carreaux méritait une attention spéciale à cause des produits très denses qu'elle permet d'obtenir.

Les machines très bien étudiées, bien construites de la maison Boulet sont très estimées en France et à l'étranger.

---

## *MM. Delahaye (Émile) et Cie*, Paris (France).

Cette importante maison, fondée en 1845 par M. Berthon, l'inventeur d'une des premières presses mécaniques à rebattre, expose une série des principales machines qu'elle construit.

Ce sont d'abord les appareils, pour préparer les pâtes, représentés par un grand malaxeur vertical pour terre ferme et demi-ferme; des malaxeurs surmontés de cylindres broyeurs d'une construction très robuste; puis des machines à mouler les briques et les tuiles plates; des appareils dans lesquels se trouvent réunis le broyeur, le malaxeur et la machine à mouler.

A côté de ces belles et solides machines, nous voyons plusieurs presses rebatteuses du système Berthon perfectionné, surtout dans ses guidages qui sont très soignés; des presses spéciales qui permettent de fabriquer des briques directement avec la terre telle qu'elle sort de la carrière, et, enfin, des presses à vis et à volant, les petites sont destinées à la fabrication des carreaux de revêtement en pâte sèche, les grandes à celle des grands carreaux, des faîtières, tuiles, etc.

Toutes ces machines, bien établies pour le travail qu'elles doivent faire, sont d'une construction très soignée.

---

## *MM. Chambrette-Bellon et Cie*, Bèze (France).

Cette maison, fondée en 1857, construisit d'abord des machines à tuyaux de drainages et, peu après, des machines à façonner les tuiles du modèle Gilardoni. Elle fit ensuite, en 1860, la machine à fabriquer en grès les tuyaux à emboîtement. Ces machines, très perfectionnées, figurent à l'Exposition; elles sont de différents types permettant de faire des tuyaux depuis les plus petits diamètres jusqu'aux plus grands employés dans l'industrie.

Les machines à briques et à tuiles exposées sont construites soit pour la fabrication en pâte molle, soit pour celle en pâte ferme.

La maison Chambrette-Bellon présente, en outre, un malaxeur, un propulseur à cylindres cannelés, des presses à briques pour terres franches et une presse rebatteuse à plateau tournant pour la fabrication des briques, d'un très beau modèle.

Toutes ces machines bien conçues justifient, par leur bonne construction, l'ancienne renommée de la maison Chambrette-Bellon.

---

## *MM. Toisoul, Fradet et Cie*, Paris (France).

MM. Toisoul, Fradet et Cie sont les ingénieurs-constructeurs qui ont exécuté l'une des grandes cheminées de 80 mètres, élevées au Champ de Mars. Ce travail gigantesque, rapidement élevé, est une preuve de leur très grande habileté dans l'art de construire en briques.

Cette maison s'est fait une spécialité de la construction des fours, intermittents ou continus pour briqueteries et faïenceries. Elle avait exposé un modèle de four et les plans et dessins de différents fours destinés aux diverses branches de la céramique, ainsi que ceux de moufles à cages superposées.

Tous ces dessins bien étudiés, seraient certainement fort bien exécutés par ces constructeurs expérimentés.

---

## MÉDAILLES D'ARGENT.

### MM. *Harrison and son*, Hanley (Grande-Bretagne).

La maison Harrison and son exposait dans une vitrine très bien disposée, mais malheureusement située dans un endroit manquant de lumière, des échantillons de ses couleurs céramiques. Ces couleurs et émaux étaient présentés sur des objets en terre cuite, faïences, grès ou porcelaines selon l'usage auquel elles sont destinées.

La collection de ces émaux et couleurs vitrifiables était très complète, elle contenait toutes les matières dont les céramistes peuvent avoir besoin pour décorer et colorer leurs produits. Émaux transparents, émaux sans plomb, émaux tendres et durs, couleurs sous émail, couleurs pour peinture sur couverte, engobes, etc., se trouvaient dans la remarquable exposition de MM. Harrison et C^ie^.

### M. *Valery* (*Alphonse*), Limoges (France).

M. Valery (Alphonse) est un peintre céramiste qui s'est adonné à la préparation des couleurs de grand feu pour porcelaine, et il les réussit fort bien. Il exposait ses couleurs sur des objets qu'il avait peints lui-même, montrant ainsi, tout à la fois, son habileté de décorateur et de fabricant de couleurs et émaux de grand feu pour porcelaine dure.

### M. *Magnier* (*Léon*), Paris (France).

La maison Magnier fabrique des couleurs et émaux de tous genres; elle a su se faire une spécialité de certains tons très estimés des peintres céramistes, tels que les verts bleus et les bleus turquoisés.

Elle présentait plusieurs de ses émaux et couleurs dans des creusets sciés en deux, ce qui permettait de bien juger de leur homogénéité et de leur bonne fabrication.

Ces divers produits étaient aussi exposés, appliqués sur des plaques de porcelaine, de faïence, de verre, etc.

Tous ces émaux et couleurs vitrifiables avaient de jolies nuances et étaient bien glacés.

### M. *Grégorj*, Trévise (Italie).

Les émaux préparés par M. Grégorj étaient présentés sur des briques et des carreaux de revêtement placés le long d'un des piliers de la galerie ouverte de l'Esplanade des Invalides; ils étaient de couleurs très vives et d'un très brillant glacé; on pourrait cependant leur reprocher de ne pas être en accord complet avec les céramiques qu'ils recouvraient, car ils étaient déparés par quelques tressaillures.

### M. *Peyrusson* (*Édouard*), Limoges (France).

M. Éd. Peyrusson, professeur de chimie et de toxicologie à l'École de médecine et de pharmacie de Limoges, est un savant qui, par goût, s'est constamment intéressé à la céramique.



IMPRIMERIE NATIONALE.

C'est lui qui a doté la palette de grand feu de ce vert de chrome à la glucine, dont le ton a une fraîcheur comparable à celle de l'émeraude. Il a été le promoteur de la décoration de la porcelaine dure au feu de four sur couverte cuite, et il a créé pour ce genre de décoration toute une palette de couleurs.

De plus, M. Peyrusson, pour éviter les accidents fréquents d'intoxication causés par l'oxyde de plomb des couleurs céramiques, accident qui frappe surtout les ouvriers et ouvrières chargés de les employer en poudre sèche, a proposé de remplacer dans la fabrication des couleurs l'oxyde de plomb par l'oxyde de bismuth, et il a préparé dans ce fondant bismuthique toutes les couleurs nécessaires à la décoration céramique.

M. Peyrusson exposait dans sa vitrine cette palette inoffensive; elle a, du reste, été adoptée par plusieurs industriels; cette innovation rend un grand service aux ouvriers employés dans les ateliers d'impression de céramique, en les mettant à l'abri des terribles effets des poussières chargées d'oxyde de plomb.

---

### *American Clay Working Machine C°*, Bucyrus (Ohio) [États-Unis].

Cette importante maison de construction fabrique toutes les machines et appareils propres à la production des briques, tuiles et tuyaux.

Elle présentait un outillage complet pour la fabrication des briques : broyeurs, malaxeurs, distributeurs, machine verticale à mouler 10 briques dans un cadre en bois par pression, machines rebatteuses; elle exposait aussi des machines à tuiles, des machines à briques à filières sur lesquelles était appliqué un système automatique très ingénieux pour couper les briques à la dimension voulue, en longueur.

Toutes les machines exposées par cette maison avaient un aspect pratique et robuste.

---

### *MM. Jannot (Hippolyte et fils)*, Triel (France).

Ces constructeurs-mécaniciens exposaient des broyeurs tamiseurs à meules verticales qu'on peut appliquer aux diverses matières employées dans la céramique.

Ces machines, bien conçues, sont construites solidement et avec une simplicité convenant parfaitement bien à ce genre de machines.

---

### *M. Lys-Tancré*, Lille (France).

M. Lys-Tancré présente une machine destinée à fabriquer les briques en terre sèche, bien que ce genre de fabrication soit peu répandu en France.

La machine Lys-Tancré a une certaine analogie avec celles employées pour la fabrication des briquettes de menus de houille. Dans le système proposé par cet industriel, l'argile extraite serait chargée sur des wagons spéciaux qu'on ferait passer dans un tunnel-séchoir; la terre sèche est alors pulvérisée puis soumise à la pression de la machine à façonner les briques; on n'a plus, au sortir de cette machine, qu'à conduire les briques directement au four. Cette machine est bien construite, mais reviendra-t-on chez nous, à la fabrication en terre sèche?

---

### MM. *Nicou et Demarigny*, Paris (France).

MM. Nicou et Demarigny sont les auteurs et les constructeurs de la cheminée monumentale de 80 mètres de l'usine La Bourdonnais, au Champ de Mars. Ces messieurs s'occupent surtout de grands travaux de fumisterie et de maçonnerie d'usine. La maison Nicou et Demarigny présentait dans la classe de la Céramique des projets, des plans, des modèles de four et de moufles pour les cuissons céramiques.

---

### *Société des kaolins de Beauvoir*, Vierzon (France).

La Société civile des kaolins de Beauvoir exploite les carrières d'Échassières (Allier). Ce gisement est formé de sables kaoliniques contenant du sable quartzeux, du mica et de petites quantités d'oxyde d'étain, dont on sépare la partie argileuse par une lévigation méthodique bien installée.

Le travail d'exploitation s'exécute en trois points différents et nécessite un personnel de 150 ouvriers; il consiste à désagréger les roches par l'eau qui entraîne les diverses matières dont elles sont composées et les laisse déposer dans l'ordre suivant : sable, oxyde d'étain, mica et enfin argile kaolinique.

Les soins apportés dans cette séparation sont tels que les kaolins obtenus ne contiennent plus que de très petites quantités de mica, sans aucune trace d'étain.

Cette société extrait annuellement 10,000 tonnes de kaolins blanc ou rose utilisés en céramique.

---

### *M. Morane (H.-P.)*, Vaublanc (Côtes-du-Nord) [France].

Les carrières de kaolin qu'exploite M. Morane sont situées près de Loudéac. Les divers gisements de kaolins connus en Bretagne étaient, jusqu'à ces derniers temps, restés inexploités industriellement. M. Morane a installé à Loudéac tous les appareils nécessaires pour l'extraction et le lavage de grandes quantités de kaolins.

Le kaolin de Loudéac se range, par sa plasticité et sa blancheur, parmi les bonnes argiles à porcelaine et il est très estimé des fabricants.

Ce kaolin est expédié jusqu'à Limoges où il entre en concurrence avec ceux de Saint-Yriex.

---

### *Compagnie française des séchoirs Möller*, Paris (France).

Cette compagnie exposait les plans et dessins de leur séchoir à tunnel pour briques, tuiles, produits céramiques, etc.

Ce séchoir-tunnel constitue un réel progrès sur ceux qui étaient antérieurement employés dans les usines de céramiques.

Dans cet appareil, où toutes les lois de la physique sont respectées et appliquées, le temps du séchage qui durait autrefois pour la brique de quatre à cinq semaines se trouve réduit à une durée de vingt-quatre heures. La température de l'air, enveloppant les produits à sécher, est portée régulièrement et successivement de 20 à 30 degrés à l'entrée, jusqu'à 110, 120 et même 140 degrés à la sortie; par suite de cet échauffement graduel, l'air, au fur et à mesure qu'il s'avance vers la sortie, est de plus en plus capable d'entraîner l'eau, qui se dégage des matières soumises à la dessication. La circulation de l'air est déterminée par des ventilateurs, et le mouvement se fait de façon à utiliser, pour chauffer les parties du séchoir situées près de l'entrée, la chaleur abandonnée par la condensation de la vapeur contenue dans l'air saturé. Le séchoir Möller est scientifiquement étudié; c'est un instrument appelé à rendre de réels services à la grande industrie; il est le complément nécessaire des fours à circulation.

### *M. Cadet fils (Jean-Baptiste)*, Limoges (France).

M. Cadet est un très habile constructeur fumiste de Limoges. C'est lui qui a bâti la plupart des fours de ce centre porcelainier.

M. Cadet construit les fours de tous modèles, les fours à porcelaine chauffés à la houille, au bois, à la tourbe, au gaz, à flamme directe ou renversée, intermittents ou continus; il construit également les moufles à circulation qui, aujourd'hui, remplacent presque partout les anciennes moufles fixes.

Son exposition contenait des maquettes et des plans, très bien présentés, des différents genres de fours employés dans la céramique.

### *MM. Hinque, Marret et Bonnin*, Paris (France).

MM. Hinque, Marret et Bonnin sont affineurs, fondeurs et apprêteurs de métaux précieux. Ils ont joint à ces préparations celle plus spéciale des métaux précieux pour la céramique; ils exposaient de l'or et de l'argent laminés, prêts à être dissous, de la mousse de platine, de l'or précipité pour la dorure des objets céramiques et de l'or brillant.

Ce dernier produit, dont le mode de préparation est longtemps resté ignoré en France, est maintenant très bien fabriqué par la maison Hinque, Marret et Bonnin, sous l'habile direction de leur chimiste M. Guieu.

# TABLE DES MATIÈRES.



Imprimerie nationale. — 6798-01.

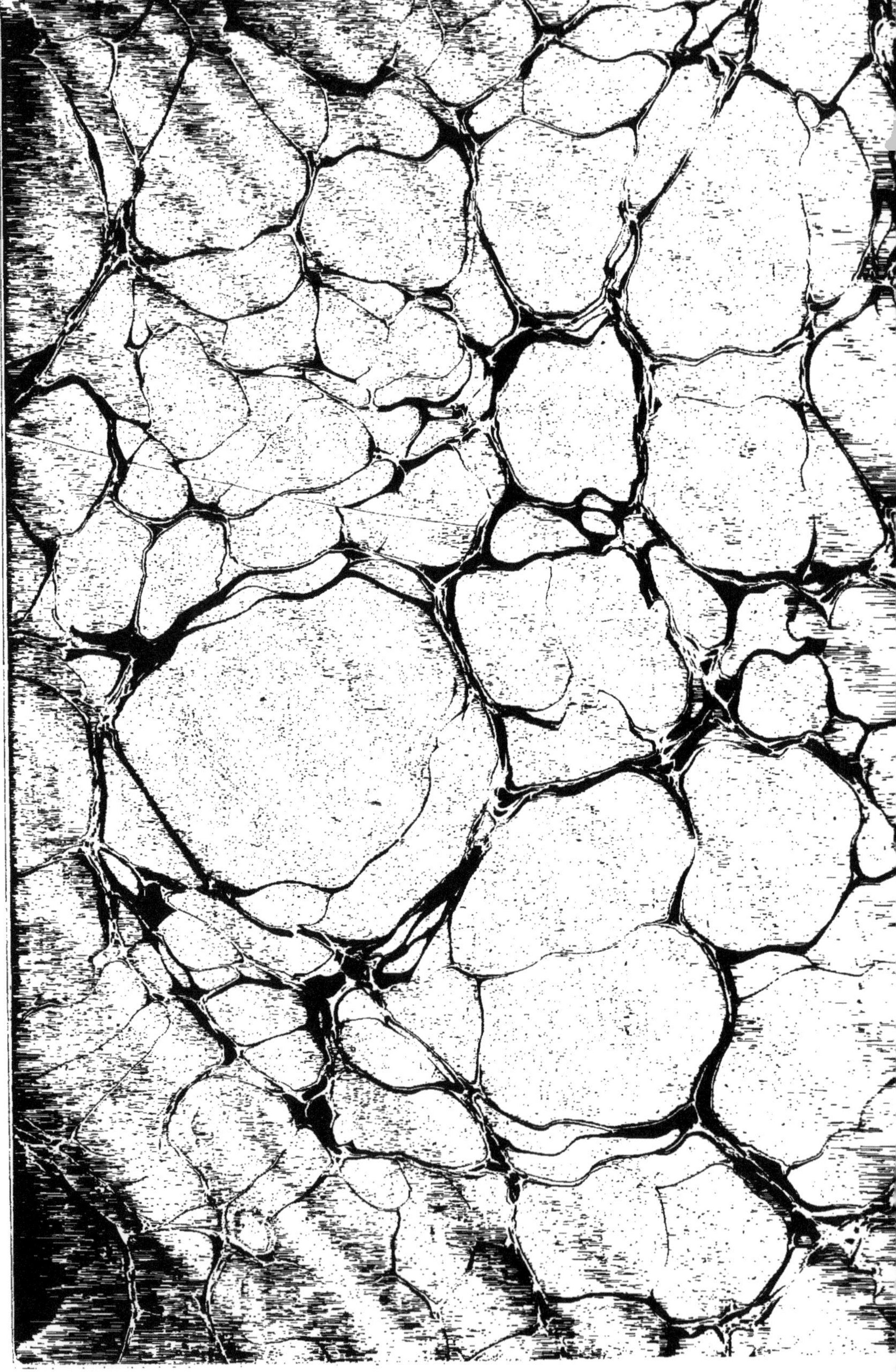

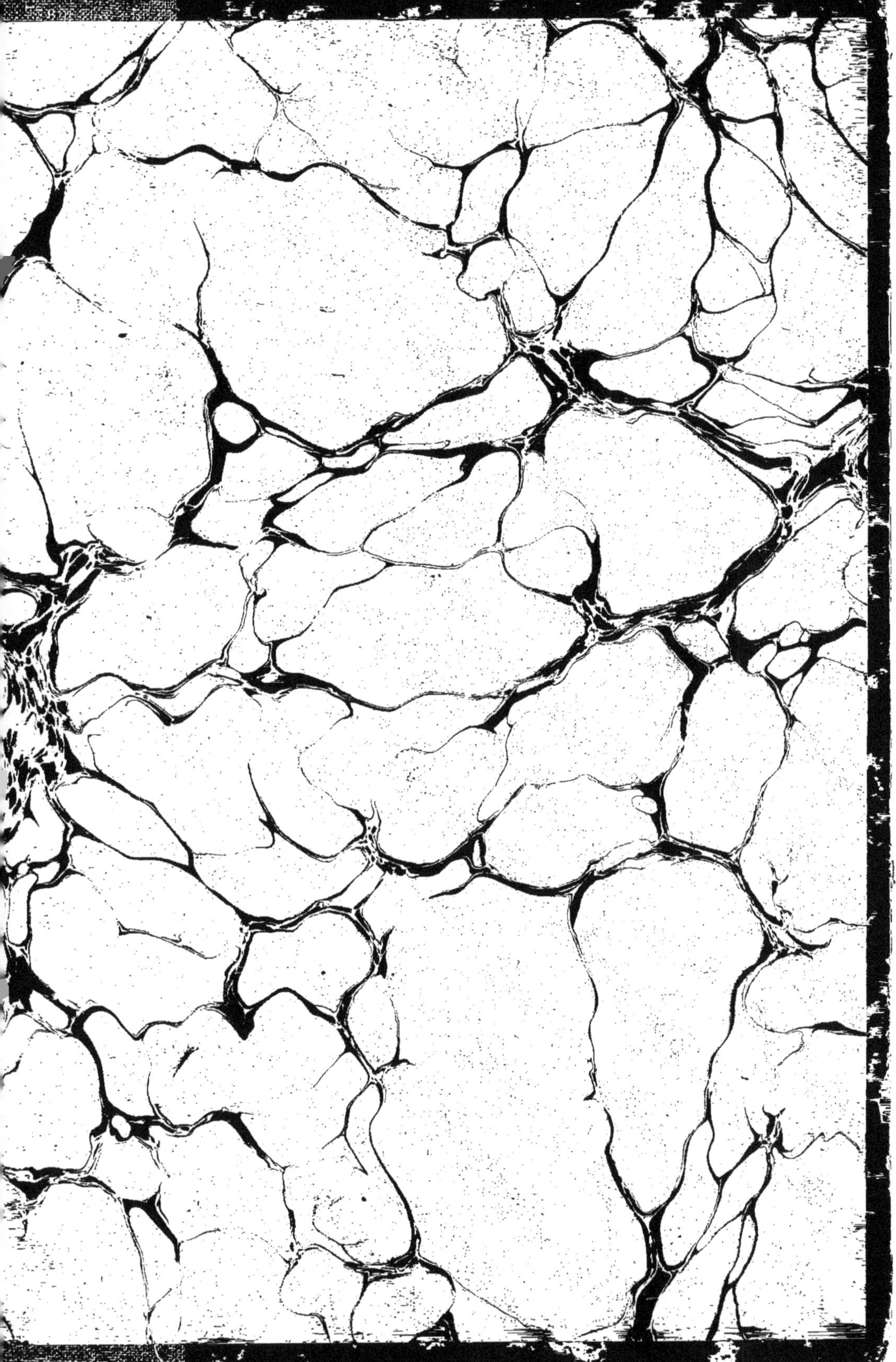

BIBLIOTHEQUE NATIONALE DE FRANCE
3 7531 01377366 9

www.ingramcontent.com/pod-product-compliance
Ingram Content Group UK Ltd.
Pitfield, Milton Keynes, MK11 3LW, UK
UKHW021044230726
13926UKWH00004B/1645